文化家园

文化驿站　共享空间

杭州社区文化家园建设丛书

村恋·杨家牌楼

张巧英　著

杭州出版社

图书在版编目（CIP）数据

村恋·杨家牌楼 / 张巧英著. -- 杭州 : 杭州出版社, 2020.10
（杭州社区文化家园建设丛书）
ISBN 978-7-5565-1316-1

Ⅰ. ①村… Ⅱ. ①张… Ⅲ. ①社区文化－建设－概况－杭州 Ⅳ. ①G127.551

中国版本图书馆CIP数据核字（2020）第151910号

CUNLIAN YANGJIA PAILOU

村恋·杨家牌楼

张巧英　著

责任编辑　俞倩楠
美术编辑　祁睿一
出版发行　杭州出版社（杭州市西湖文化广场32号6楼）
电话：0571-87997719　　邮编：310014
网址：www.hzcbs.com
排　　版　杭州真凯文化艺术有限公司
印　　刷　浙江全能工艺美术印刷有限公司
开　　本　710 mm × 1000 mm　1/16
字　　数　120千
印　　张　10.75
版 印 次　2020年10月第1版　2020年10月第1次印刷
标准书号　ISBN 978-7-5565-1316-1
定　　价　27.00元

序 言

党的十九大报告指出，要“发挥社会主义核心价值观对国民教育、精神文明创建、精神文化产品创作生产传播的引领作用，把社会主义核心价值观融入社会发展各方面，转化为人们的情感认同和行为习惯”；要“满足人民过上美好生活的新期待，必须提供丰富的精神食粮……完善公共文化服务体系，深入实施文化惠民工程，丰富群众性文化活动”；要“打造共建共治共享的社会治理格局……加强社区治理体系建设，推动社会治理重心向基层下移，发挥社会组织作用，实现政府治理和社会调节、居民自治良性互动”；“保证全体人民在共建共享发展中有更多获得感，不断促进人的全面发展”。

2017年6月，杭州市文明委下发的《关于开展社区文化家园建设的实施意见》指出：“以‘文化驿站、共享空间’为定位，以大力培育社区邻里文化、志愿文化、社工文化为重点，坚持政府主导、群众主体和多方参与相结合，充分发挥社区文化家园在活跃社区文化、提升市民素质、促进社区和谐、凝聚社区力量中的重要作用”，“突出思想引领、道德滋养、文明倡导、文化熏陶”。目前，我市社区文化家园建设已从示范创建阶段推进到扩大创建阶段，同时已产生一大批社区文化家园示范推荐点，有越来越多的社区积极构建、规范、创新文化家园，呈现了许多卓有成效的亮点做法和宝贵经验。

2019年4月，首批“杭州社区文化家园建设丛书”（8种）正式出版后，以生动的内容、精美的设计、凝练的经验总结，得到了市领导及各社区的广泛好评，为市民群众提供了深入了解家园、激发热爱家园之情的优秀读物。

开展社区文化家园建设，是贯彻十九大精神，加强社区治理体系建设，实施文化惠民工程，实现以文化人的有效载体；也是新时代背景下满足人民日益增长的美好生活需要，在社区文化建设过程中的直观体现。为了总结经验、展示成果、提炼特色、升华品质，把社会主义核心价值观融入到社区文化建设领域，进一步增强社区居民的文化归属感，进而转化为社区居民的情感认同和行为习惯，拟围绕“小人物，大家庭，新时代”主题思路，再次编写出版一套贴近普通居民的“悦读”文本、展示社区文化家园的精华范本、推广精神文明建设的通俗读本。

为深入学习贯彻党的十九大精神，深入贯彻杭州市精神文明建设委员会《关于开展社区文化家园建设的实施意见》精神，加快推进崇德向善、文化厚重、和谐宜居的文明城市建设，不断丰富广大群众的精神文化生活，在成功出版第一辑的基础上，由杭州市文明办与杭州出版集团联合牵头、策划实施“杭州社区文化家园建设丛书”第二辑编写出版项目，再度从首批杭州市社区文化家园示范点等优秀社区中选择上城区紫阳街道上羊市街社区、下城区东新街道新颜苑社区、拱墅区上塘街道蔡马社区、西湖区文新街道湖畔社区和留下街道杨家牌楼社区、萧山区城厢街道休博园社区、余杭区东湖街道茅山社区、富阳区富春街道巨利社区等8个文化家园，分别独立成书，每个社区提炼一两个关键词作为核心主题内容，形成“杭州社区文化家园建设丛书”第二辑。

“杭州社区文化家园建设丛书”第二辑，通过精心制作“盆景”来展示社区文化“风景”。杭州社区文化家园建设，既有共性，又有各自的个性。每一个社区的个性，包括其历史文化、人文风情、特色亮点等，经过深入挖掘、精心梳理、巧妙整合、创新设计、用心编写，形成“一社区一品牌，一图书一特色”，这些社区文化家园的“盆景”组合在一起，就形成一道美丽的杭州社区文化家园的“风景”。因而丛书中的各种图书既相互独立，又相互关联，形成一个以“文化统领”为逻辑线的协调的整体。通过精心提炼特色来展示社区文化品牌。每种图书采用“1+X”的形式，对相关素材进行梳理整合。“1”就是该社区“压厢底”的特色和亮点，“X”就是该社区其他值得记录和展示的文化资源，如人文底蕴、文化遗迹、历史文化名人、自我管理方面的典型事例等等。既展示“镇宅之宝”，也展示其他“家珍”，做到主题突出、特色鲜明，同时形象丰满、内容丰富。通过记录“草根”生活来展示社区文化品质。本丛书是“小人物”的“微史记”，撷取社区日常管理和百姓日常生活中打动人心的事件、故事等，体现“大家庭”的温暖和“新时代”的风貌。在图书框架、行文风格、图片选取上努力实现“老百姓讲自己的故事，老邻坊说身边的人物”，让读者获得“微微一笑更倾心”的感觉。

现在，“杭州社区文化家园建设丛书”第二辑与读者见面了，希望有利于进一步推进杭州社区文化家园建设，进一步提高杭州社区文化家园建设水平。

杭州社区文化家园建设丛书编委会

2020年7月

目 录

第一章　风水宝地独特风貌

家藏八千卷，门临七二峰。

这是一片充满传奇的古老文化地域。在背山面溪的杨家牌楼，触手可及都是历史。

尽管风木庵已经消失在岁月风霜中，但是社区文化中心乡情陈列馆中展示的丁氏兄弟抢救《四库全书》的义举，会一直向人们诉说杭州历史上这一个功不可没的文化传承典故。自带传说的石人坞和花坞古迹遗存，早在明代就已声名远扬，而身处网络时代的当代潮人们，会循着旧时来访西溪的名人雅士足迹，掏出手机，来个到此一游的时髦打卡。

杨家牌楼欢迎您

我们拨开时间的尘埃，回顾这些人文历史，再走进与西溪相邻的风水宝地，寻找它从前茶农口中的“前世不修”，转变成人人乐居、交口相传好社区的经过，见证并记录这些美好的故事。

牌楼美丽景观

山水之间的人文宝地

杨家牌楼，原名为石人坞。据历史考证，清朝年间曾有一位杨姓官员葬于石人岭，在山脚路口树立了一座牌坊，题名“杨家牌楼”。后人为方便识记，直接将这里称为杨家牌楼。杨家牌楼是西溪古村落之一，东与金鱼井相连，西与西穆坞隔山相望，南连西湖风景名胜区，北临西溪国家湿地公园。

张岱的《西溪》中写道：“粟山高六十二丈，周回十八里二百步。山下有石人岭，峭拔凝立，形如人状，双髻耸然，过岭为西溪，居民数百家，聚为村市。”杨家牌楼曾是留下镇最大的村庄之一，村子依山而建，南边高，北边低，层次分明。南端群山

牌楼美丽景观石人岭

连绵，有着大片的山林和竹园。山脚下的坡地，是郁郁葱葱的茶地梯田，盛产西湖龙井。再往下一档的地势逐渐平坦，是当地村民主要聚居之处。

我们用现代化的高空卫星地图“俯瞰”杨家牌楼，可以比较直观地看到这里的地势沿山成弧形分布，所以这处被前人形容为“逶迤长阵，坞深林密，山清水秀”的宝地，确有一定的地理优势。遥想当年，无论是达官贵人还是乡野村夫，都热衷选择这里作为安葬先人的去处，连“杨家牌

花坞隐秀

楼”这个名字，也跟墓葬有关。

从西溪谷绿道缓步而行，经过杨家牌楼，有座“慕韩亭”。它是为了纪念中国近代政治家、外交家孙宝琦先生而建的，亭子是以他的字“慕韩”命名的，原为孙宝琦墓葬所在地。

孙宝琦是杭州人，他的父亲孙诒经是咸丰帝的老师。孙宝琦是名门之后，曾任晚清山东巡抚、中华民国外交总长并三度出任（兼任）总理。在任期间，他拒签日本“二十一条”，力主收回青岛、胶东铁路的主权、路权、矿权，努力维护国家民族利益，致力于创设育才、武备等新式学堂及与苏联等国建立外交关系，也是“洋务运动”的践行者和推动者。他于1931年病逝于上海，葬于杨家牌楼。

孙宝琦原墓规模宏大，可惜建筑毁于抗战期间，到1958年，墓地彻底毁去。由于年代变迁和战争破坏，一度都无法确认墓地所在，后经多方努力，在社会热心人士的支持下，孙宝琦墓葬地址还是被找到了。2017年，在杨家牌楼建成了这座孙宝琦纪念碑亭。亭柱上的挽联“门多歇浦三千客，家少成都八百桑”，为当年的民国总统徐世昌撰写。这对联子，是以战国春申君、蜀相诸葛亮，来比喻孙宝琦的好客与清廉。

在杨家牌楼墓葬中，还有著名的丁氏家族。丁氏家族中的几位重要人物，都曾对杭州的历史文化做出过突出的贡献。

例如丁敬是印学家、“浙派”篆刻艺术的鼻祖，他的艺术成就对后来的西泠印社有深刻影响。另一位知名人物是丁仁，字辅之，斋称小龙泓馆、守寒巢等，是西泠印社创始人之一，丁申之孙。在四位西泠印社创始人中，他擅长绘画，对西泠八家最有研究。他对西泠印社的园林建筑经营布置呕心沥血，其著作有《观水游山集卷》《商卜文集联》等。

现在立于西泠印社的石像，有两尊，一为丁敬像，一为邓石如像，皆是丁仁全力成就。丁仁家学渊源，幼承族训，喜好金石书画，尤其工于印章，更是“嗜之成癖，抚之无虚日”，所以能与叶为铭、王禔、吴隐结成西泠印社。

令人们难忘的是丁丙、丁申两兄弟，他俩曾在风木庵抢救国宝《四库全书》，这个故事至今还在流传。

西溪村落古迹遗存

石人坞的路旁，静立着石人、石马、石兽，这是清代大学士梁肯堂墓地前的守护物。梁肯堂，字构亭，号春淙，一字石幢，号晚香。生于清康熙五十六年（1717）11月，卒于嘉庆六年（1801）8月，享年85岁。他经历了清代康熙、雍正、乾隆、嘉庆四朝，官至刑部尚书，晚年回乡居杭州。

当时的梁肯堂墓，占地30余亩，有墓道、墓冢、牌坊。墓道两旁有石人、石马、石虎、石羊、石龟，颇有气势。1958年，墓被拆建成民房，现已不存。

梁肯堂故事

前面讲到的丁家，在石人坞有家祠、庄院。据杨家牌楼老人回忆，其大致地点在石人坞东侧的山边。为什么城里的名望之族丁氏会在这里建有宅院?

用旧时的话说，他们在这里造的就是牌楼墓葬文化中特有的“坟庄”。所谓坟庄，就是坟主建在乡下山里，请专人负责看管坟墓，或是用以祭祀祖先的院子或祠堂。而这些坟庄的管理员，

三香古道

是由坟主雇佣的。旧时在石人坞，最著名的坟庄有丁庄、梁庄和沈庄。其中特别是丁庄，最有代表性。

作为杭州名人丁申和丁丙的家祠，丁庄位于石人坞口靠山的东南侧。现在的位置就在杨家牌楼路口附近。据记载，当年丁申和丁丙兄弟感念父母辛劳，在家墓旁筑屋，“欲养而亲不逮者，尝以风木为喻”，故丁庄又称风木庵。相传丁老太太曾住在风木庵多年。

风木庵有三进院落，第一进门上镌刻有“竹苞”“松花”4个篆体大字，两旁有联曰：“家藏八千卷，门临七二峰。”门前有伏卧石虎一对，所以丁氏家墓又称石老虎坟。第二进是三开间平房，房前有池塘天井；第三进是一幢五开间的二层楼房，二进与三进之间有厢房连接。丁家两兄弟每年清明、冬至会来扫墓，到春秋季节天气好的时光，或是盛夏避暑，也会来这里休养一阵子。

杨家牌楼这一带风光秀丽，景色雅致。丁氏家族一直看好这里的风水。有研究记载，一进门联上的那句“门临七二峰”意思是从风木庵远望出去，可看到七十二贤人峰。而“家藏八千卷”，指的是丁家的著名藏书楼——“八千卷楼”。丁氏兄弟为承续祖志，将他们的书楼命名为“八千卷楼”，节衣缩食，朝蓄夕求，二十年积累的各种藏书，聚集起来有八千卷。

尽管已不存在，但风木庵一直让人津津乐道。这与丁申、丁丙兄弟在风木庵抢救《四库全书》密切相关。丁氏是杭州著名的藏书家，在杭州城内有“八千卷楼”藏书楼。丁丙还是乡邦文化的研究者，曾写过《武林坊巷志》。1861年，太平军在杭州与清军展开了激烈的战斗。藏有《四库全书》的文澜阁因地处城外，就被当作军营。文澜阁从前是康熙南巡时在杭州修建的行宫，到雍正年间，这行宫的日常开销实在让地方政府承受不了，上报朝廷批准后改建成了圣因寺。乾隆四十七年（1782），《四库全书》抄好之后，准备贮放在寺后的玉兰堂，但玉兰堂逼近山脚容易受潮，才把藏经堂改建之后作了文澜阁。《四库全书》于1787年入阁，在文澜阁躺了70多年，而在1861年的战乱中遭到了劫难。书被扔得满地都是，任人践踏。

刚刚打完仗，一些贪小利者就溜进文澜阁内窃书盗卖，有的书归了私人，有的归了书贾，有的书干脆成了包东西的废纸。

当时居住在风木庵的丁申、丁丙两兄弟，在留下镇的店铺买东西时，发现店家用来包食物的纸张竟是《四库全书》的书页。两人马上意识到文澜阁的《四库全书》已流散民间，就立刻决定着手抢救。他们雇人翻山越岭将文澜阁的残书抢运到风木庵。正是因为他们每天往返几公里的抢运，文澜阁中剩余的《四库全书》全部被运到了风木庵。

丁氏兄弟

《四库全书》是中国最大的一部古籍丛书，因分经、史、子、集四个部分，所以叫“四库”，清代乾隆年间花了10年时间才完成。编纂时先抄了四部，将其藏在四个地方，分别是北京紫禁城内的文渊阁、北京圆明园的文源阁、河北承德避暑山庄的文津阁、辽宁奉天行宫的文溯阁。这四个地方都没有脱出皇家的宫廷，所以称作“内廷四阁”，又称为“北四阁”。后来又抄写三部，全部放在江浙一带，一在扬州的大观堂文汇阁，二在镇江金山文宗阁，三在杭州的文澜阁，这三部统称为“江浙三阁”，又称“南三阁”。

尽管书抢运回来，但是处于战事间隙，丁氏兄弟觉得将书存放在风木庵不安全，又用船经水路将书运至绍甬，再渡海至沪。待战事稍息后，才携阁书自沪运回杭州。

亲眼见到留下镇上书页包食品那一幕，对那些散失在民间的《四库全书》散页，丁氏兄弟十分痛惜。于是他们通过杭州书商周京，请他回杭州之时，以收购字画的名义，寻找搜集流散民间的阁书。功夫不负有心人，那些被哄抢、散落于民间的阁书，居然纷纷“现身”，汇聚到周京手上。半年多时间，周京便搜得阁书800余捆，每捆有2尺（约66.7

厘米）高。这些书被悉数运回上海交于丁氏兄弟。清同治三年（1864）春，清兵收复杭州后丁氏兄弟载书而归，将书存放在杭州府学尊经阁。他们又在杭州、绍兴、宁波等地大量收购阁书残帙，经过十余年时间，加上另一位热心人徐葵收集的549册阁书原抄本，共得8380册。

丁氏兄弟战后又进行分类补抄，使《四库全书》得以存世。为了阁书的完好，这个补缺工程繁复而细致，一道道工序容不得一点疏漏，特别是书中有图、有易卦、有篆文、有蒙文，抄校的难度更大。抄书的底本在纂修全书时用的是官版殿本、

古迹　丁家祠堂

宋元旧刻、家刻本、精抄本、影印本等，而丁氏所抄补的底本是东借西购、拼凑所得。到光绪十四年（1888），耗资5.1万银元，文澜阁所藏《四库全书》基本恢复了原貌，左宗棠专门题词："书府抱残图"。

清光绪六年（1880），丁氏兄弟与浙江巡抚谭钟麟商议重建文澜阁，次年修复完成，《四库全书》运回贮藏。谭钟麟将丁氏兄弟抢救阁书之经过具文上奏，光绪八年（1882）谕旨："文澜阁毁于兵燹，现经谭钟麟筹款修复，其散失书籍，经绅士丁申、丁丙购求藏弆，渐复旧观，洵足嘉惠艺林……主事丁申著赏四品顶戴以示奖励……"后来，八千卷楼藏书被我国最早的公共图书馆——江南图书馆（即现在的南京图书馆）收藏。至今，这些藏书仍完好无损地保存在南京图书馆里。

风木庵也从此出名，成为游人探访之地。

民国时期，胡适、郁达夫、徐志摩等文化名流都曾来过此地。而吸引他们过来的，除了这一带的自然风光，就是建于此地的风木庵。有丁氏兄弟抢救《四库全书》这一壮举，风木庵一时成为杭州著名的刻书机构。文化名流慕名而来，尽兴而归，且留下了传世文字。

"二三十年前，汽车不通，公路未筑，要去游一次，真不容易；所以明明知道这花坞的幽深清绝，但脚力不健，非好游如好色的诗人，不大会去。现在可不同了，从湖滨向北向西的坐汽车去，不消半个钟头，就能到花坞口外。而花坞的住民，每到了春秋佳日的放假日期，也会成群结队，在花坞口的那座凉亭里鹄候，预备来做一个临时导游的脚色，好轻轻快快地赚取游客的两毛小洋；现在的花坞，可真成了第二云栖，或第三九溪十八涧了。"——这是著名作家郁达夫在1935年回味十余年前寻访花坞及西溪一带的一篇散文中的文字。

1921年，郁达夫就去寻访过风木庵，但此时风木庵已破败不堪。

那天他坐着黄包车，车夫拉着他一路过古荡、桃源坞、金鱼井到杨家牌楼，在一座破败不堪的老屋前车夫停下脚步。郁达夫眼前，“丁氏的手迹尚新，茅庵的木架也在……但泥墙倾圮，蛛网绕梁”，此时离丁丙去世不过只二十来年，风木庵岌岌可危，让郁达夫颇生感慨。郁达夫的记忆中，有位好客的老妇人，给他喝茶休息，并婉言谢绝了郁达夫给的茶钱，让他打赏车夫。

在20世纪50年代时，风木庵的房子被分给当地的村民。后来，又被拆掉了。风木庵这座带有文化标志的建筑，已悄然消失在岁月漾起的年轮里。

从“前世不修”到乐居家园

杨家牌楼原名石人坞。那石人的来历是什么?

从留下通向天竺方向有一座山岭，岭上有一块石头像人一样站立着，人们称它石人岭。有关石人的传说很多。

其中一个传说是在很早的时候，有一位大官在岭上建造墓地，两边立着两个石人，从此这条岭被称为石人岭。不知何时，两个石人只剩下一个了，那另一个石人跑到哪里去了呢?岭下有几个采茶女路过此地，用茶篮玩起抛“彩球”，其中一个茶篮套进路边石人的头上。石人晚上就跑去和姑娘结了姻缘，后来还生下孩子。百姓们传这孩子是小皇帝降世，留着是祸啊。此事很快传遍百里乡村，传到了京城皇帝的耳朵里，皇帝听了很害怕，连忙派人去除掉这个孩子。石人得知这个消息，想去救这个孩子。可是去迟了一步，走到半路上听说孩子已被处死了，石人就昏倒在地，裂成了碎片。从此这个岭上就只剩下一个石人啦。

另一个传说是以前在石人岭下的北面，住着位善良的老人，他吃素不杀生，常常买螺蛳来放生。有一天，他又买了螺蛳回家，不料被家人煮熟吃了，老人不久就去世了。人们为了纪念他，将山岭上似人的石头，凿成一个石人，并在石人身上粘满螺蛳。这石人从正面看好像在对你说笑，从侧面看去好像在跟你生气，栩栩如生。这条岭因此被称为“石人岭”。

还有个版本则是饮水思源的故事。很早以前，杭州是一片干涸的海滩，老百姓每天都要到很远的地方去挑水。有人知道灵隐后山有清泉，但是被很厚的石壁挡住流不出来。后村有个小伙子叫水儿，知道此事后，叫了几个小伙伴，一起上山去凿石壁，要把这股清泉引进村来。临行前，村里的老人提醒他们，去凿石壁要一口气凿下去，如果停下来，石壁又会长成原来的样子。更为重要的是，石壁凿穿后，里面会有一股石浆喷出来，喷到身上会把人凝成石头的，千万要当心啊。水儿他们到了山上，马上就动手凿石壁，一直凿到第二年春天，那石壁已凿进去很深很深了。这天是三月三，水儿突然听到石壁那边汩汩的响声，水儿打下最后一锤，只听见“轰隆隆”一声巨响——石浆喷了出来，把水儿凝成一个三丈（十米）多高的石人。一股清清的泉水，顺着山谷流下来，杭州再也不愁没水喝了。人们为了纪念水儿，就称山岭为“石人岭”。

石人岭传说

传说是美丽的，现实是骨感的。

杨家牌楼的乡民，在旧时由于地处远郊，生产方式落后，大多生活清贫。老底子有一个特别的称谓“坟亲”，是曾经的有钱人对牌楼居民的代称。所谓坟亲，就是农村中以代建代管坟墓为职业的人群与城市里坟主之间的互称，大部分是指农村代建代管人群。古语有道是：

“慎终追远，民德归厚矣。”在过去建墓是件大事。西溪的坟主大都是杭州、上海一带的有钱人。他们要建墓必然要有人代办。根据当地人回忆，到新中国成立前，杨家牌楼村的130多户人家里，仍有50多户是以代建代管坟墓为生的。

除了给人看护坟墓，杨家牌楼的主要经济模式以种地和茶叶采摘为主。

为了好收成，种摘茶叶是非常苦的劳动。杨家牌楼的老一辈种茶人

美丽的墙绘

吴师傅回忆说："那个辰光，一年到头没得空。不是在茶叶地里干活，就是在水田里忙碌。日子还过得紧巴巴的。只要一家人不饿着冻着，那就老天保佑了。"

茶农们流传着一首民谣——

前世不修，嫁在杨家牌楼。
日里撑山头（指采茶），
夜里夹墩头（指做洗帚、蒸架）。
阿公困眠床，
阿婆流眼泪。
等我女儿养大，
让伊嫁到埠头（指闲林埠）。

这首民谣唱出了旧时茶农的艰苦与贫穷。后来，茶歌里又有了新的内容。

直到新中国成立后，杨家牌楼茶农翻身做主人，经济上日渐富足，住在这个宁静优美山村的老百姓，开始过上了好日子。改革开放之后，这里更是走上了经济繁荣之路。

第二章 焕发生机 泽润邻里

杨家牌楼社区中心广场的大树下，是悠闲散坐的居民们的常年聚会地，这里欢声笑语不断，邻里情意浓浓。

有好邻居的地方，每天都是邻居节。

社区干部向笔者描述，当象征邻居节的黄丝带飘满社区时，他能感受到杨家牌楼居民内心满盈的温暖和自豪。

在这个“望得见山，看得见水，记得住乡愁”的都市村庄里，百余位党员编织成“一人联十人、十人联百户”党建网格，通过包干制，与每个群众面对面地沟通与服务。本着“行为居民、思为社区”的工作理念，他们实现了联系群众全覆盖，建立了“政策通到底、民意传达精准化”的新通道，让基层治理更加有序和高效，推动形成了邻里团结、和睦友善、关爱互助的社会风尚。

美丽景观

每天都是邻居节

2019年5月26日，一大早，习惯早起的杨家牌楼村民们惊喜地发现，今天社区里和平时不一样了：门口的牌楼上挂起了红灯笼，社区内的街巷挂满了黄丝带，所见之处，已被精心布置了丰富多彩的互动游戏和饕餮美食。四面八方的街坊邻居们纷纷涌到社区广场，这里欢声笑语不断，邻里情意浓浓……这一天，整个杨家牌楼社区沉浸在热闹喜庆的氛围里，真要比过年还有味道！

原来，杭州市第十六届邻居节的主会场，这次搬到了这里。邻居节的主会场活动由杭州市文明办、市民政局、市妇联等单位联合主办，2019年的主题是“文化家园 · 德润邻里”。牌楼街坊们还与来自大杭州各区的邻居们，共同度过了一个难忘的日子。

说到杭州市邻居节，这个活动已伴随着杭城市民走过了16个年头，年年推出一系列广大社区居民喜闻乐见的活动，涌现出了大批感人的邻里故事。在全国范围内，邻居节也已经成为杭州市打造和谐社会、改善邻里关系、建设独特韵味别

邻居节活动现场

样精彩国际化城市的金名片。16年来，杭州邻居节活动为社区文化家园建设，为市民共建共享文化发展成果，推动形成邻里团结、和睦友善、关爱互助的社会风尚，巩固全国文明城市创建成果，建设世界名城贡献了力量。

当天的杨家牌楼社区文化家园前广场上，可以说是人山人海。除了品美食、赏茶艺，还有修雨伞、免费理发等一系列便民服务，吸引村民们驻足。杨家牌楼村民是好客的，广场中的摊位前，乡间大厨正在现场制作鱼丸，惹得一群孩子直流口水。一旁，妇女们现场包起了大肉粽和红枣粽；另一头，男子汉们抬出了祖传的石臼，现场敲打麻糍。牌楼社区里的名人——“炒茶王”李泉春来到现场，他热情地拿出了自己刚炒制好的碧绿龙井新茶，和现场的村民们一起品尝分享。

遇到一群可爱的邻居是一件幸运的事情，这个邻里“大家庭”可热闹了！象征邻居节的黄丝带飘满社区；被评选出的“好邻居”们和五星级社区文化家园的代表，上台接受表彰，祖孙三代讲述邻里故事；红色放映员杨志平，用他放映过的电影台词来介绍自己的社区。

现场活动丰富多彩，而且包含了不少地域特色。在载歌载舞的表演中，热气腾腾的桂花汤

邻居节活动打麻糍

邻居节上人山人海

圆新鲜出锅。大家一起包粽子、唱戏剧、打麻糍、编花篮……欢声笑语不断，邻里情意浓浓，让这个独特的节日充满温情。

户外的场景热热闹闹，室内的活动同样丰富多彩。社区文化家园三楼大礼堂里传来了阵阵笑声和掌声——原来，这里正在举行“方言诗歌接龙”互动游戏。这是个略带难度的击鼓传花游戏，花落到谁这里，谁就要报出自己的籍贯，并且用家乡话朗读一段古诗词。于是，现场纷纷出现了河南话版《忆江南》、杭州话版《饮湖上初晴后雨》、温州话版《钱塘湖春行》，不同的方言，引得四周乡亲们开怀大笑。作为主场，杨家牌楼本地村民用杨家牌楼方言的朗诵，纯正的本地腔调，一字一句的激情，迎来掌声和喝彩不断，活动在当天达到了高潮。

嘹亮的歌声、动人的舞姿，无不展示居民们积极进取、健康向上的新风貌，为建设更美丽的杨家牌楼社区注入了新的活力和生机。舞台上场面热闹，舞台下居民们兴致勃勃。“每年这样的演出越来越多，我们居民自己能站在舞台上，演出我们老百姓自己的故事，这社区文化家园建得真是好。”

欢声笑语的节日过去后，余音绕梁，三日不绝。这些土生土长的杨家牌楼人，回顾邻居节的场面时，一个个都意犹未尽，并且自豪地感慨：“有好邻居的地方，每天都是邻居节！”

邻居节的举办，出发点是提高居民在社区建设中的参与率和受益面，增强社区凝聚力和居民群众对社区的认同感和归属感，从每家每户的“小文明”实现社区的“大文明”。社区通过开展群众喜闻乐见、形

邻居节活动现场编竹篮

邻居节工作人员合影

式丰富多彩的邻里活动，在杨家牌楼形成了崇德尚礼、邻里一家的新型邻里关系，营造了文明和谐的良好氛围，奏响了新时代社区文明的邻里和谐曲。

文化品牌的创建，传递出和谐邻里关系，重新唤回了最真挚的邻里价值观。邻里，让文化之风更贴近生活；文化，让邻里再无地域隔阂。因文化而聚，邻里之情更浓。邻居节，成为新时代文明实践的新载体，将新时代文明实践融入其中，共同倡导新时代邻里文明和谐的新风尚。

邻里活动，端午包粽子

邻里活动，包青团

党建+网格化出实效

杨家牌楼邻里亲如一家。这个“望得见山，看得见水，记得住乡愁”的都市村庄，是如何探索出突破社区治理困境的高效方案，以及社区治理机制优化创新路径的？一个外来人口远远超过本地居民的大社区，如何做到长治久安呢？

杨家牌楼社区工作人员自信满满地告诉笔者，落实网格化长效管理机制，制定社区内部秩序化管理标准，是他们做好长效管理的有力保

党员干部在行动

障。特别是运用“党建+网格”运作模式，将党组织建在网格上，进而叠加、放大党组织领导核心和网格信息平台的各自优势，做到党组织和基础网格同步设置、党组织负责人和网格长同步配备、党建工作与网格内事务同步推进。

确实，要提升社会治理质效，行之有效的运行机制是保证。我们的基层组织，是能够凝心聚力的组织，是能够让党员干部和基层群众拧成一股绳，将人心聚起来的组织。社区基层党组织，离群众最近，人间的冷暖、群众的困难和诉求也更容易了解。杨家牌楼正是充分发挥了基层党组织的重要作用，并不断提高基层的党建水平，通过网格化的管理，使整个党组织更有责任感和使命感，做到了有责任和担当。

首先，围绕“访民情、听民声、解民忧、暖民心”，在“党建+网格”模式下，杨家牌楼社区搭建起全要素网格化社会治理信息系统平台。这个听起来名字有点绕口的信息系统平台，就是将网格内的人、地、物、事、组织等各类信息，全部采集到网格化社会治理信息系统中，社区构建了“大城管”的格局，调动城管、物业等各方力量，形成网格化管理，开创城市管理齐抓共管的良好局面。

硬件有了，软件也要跟得上去。杨家牌楼社区专门组建了一支由老党员和热心居民组成的义务巡逻队，实行动态网格化管理，从源头上杜绝治安问题的滋生。如在结合街道居住出租房屋“旅馆式”管理工作中，他们就加大力度做好流动人员和出租私房管理工作。夯实了网格化管理工作，做实做强网格员队伍、加大网格化建设力度，发动了平安巡防、保安员、平安志愿者等多种力量，全民参与。这支队伍开展定期巡逻，他们一方面协助做好居住出租房屋的治安管理，掌握居住房屋出租、流动人口动态信息，及时发现违反居住出租房屋治安管理和居住房

网格员巡逻

屋出租登记管理、流动人口居住登记管理的“苗头”，特别是开展对居住出租房屋的日常消防安全巡查检查，及时制止违法行为；另一方面，他们做好违章巡查、房前屋后的秩序化管理，纠正乱堆乱放、乱晒乱晾、毁绿种菜、经营户门前设摊及无证流动摊贩设摊等行为。

同时，社区建立了一站式邻里服务台。本着“行为居民、思为社区”的工作理念，全心全意服务辖区居民。通过组织召开社区党组织会议、社区居民代表会议等多种形式，深入了解情况，广泛听取建议，认真研究整治措施，进一步凝聚共识。如严格落实“三务”（党务、村务、财务）公开制度，对关系居民切身利益的事项，广听居民意见，坚持集体研究，民主决策，过程、结果公开透明。走进社区“一站式”便民服务大厅，可以看到各项工作职责、办事依据、办事条件、办事程序、办事纪律、办事时限、办事结果和监督办法等便民服务措施，都在这里进行了公示。社区还设置便民服务电话和举报意见箱，强化群众监督。

在这个基础上，杨家牌楼社区制定了村规民约，做好社区村民思想宣传工作。杨家牌楼按照住户居住片和宅院位置划分“网格”，由党员网格员负责联系居民户。社区工作人员说，每个党员都有固定的联系服务对象，编织成一张“一人联十人、十人联百户”的联系服务群众网格。简言之，就是以网格包干制方法，与群众面对面沟通与服务。

这种扩散式和链接式的联系方式，实现联系群众全覆盖，成为“政策通到底、民意传达精准化”的新通道，项目推进自然事半功倍。杨家牌楼社区的网格包干制还将进一步提升，如网格联络人可以结合联系户

美丽景观

具体情况，制订帮扶计划，作出服务承诺，接受群众监督；联络人收集意见和建议，定期进行交流协商、分析研判、制订应对措施等。

社区还把每月15日定为固定主题党日，在党员“六个一”（佩戴一枚党徽、缴纳一次党费、完成一次签到、学习一段党章、组织一次讨论、参加一次劳动）要求的基础上，积极开展城乡一体化长效管理相关制度的学习以及党员七带头（“庭院整洁我带头、治水护绿我带头、平安巡防我带头、三改一拆我带头、垃圾分类我带头、乡风文明我带头、志愿服务我带头”）落实情况的点评交流，实施“1+N”联户包事制度，制作党员责任片区公示牌，践行党员服务承诺。

由此可以相信，杨家牌楼社区的党建工作在网格化方面不断地进行改革创新，能够在基层治理上更加有序和高效。

老有乐养　五星示范

杭州是全国较早进入老龄化社会的地区之一，比全国平均水平提前11年。相比入住养老院，能在家门口养老，已成为越来越多的老年人的需求。

2018年12月的一个温暖冬日，一座重量级的服务设施在杨家牌楼社区正式启用，装修总投资600万元的五星级示范型养老综合体——西湖区留下街道遐龄荟居家养老服务中心，在当天举行了启动仪式。“我们将致力于创办一所让老人满意、子女放心、社会认同的新型养老机构。”服务中心运营方信心满满地向在场人士做出了承诺。

遐龄荟是一个养老服务综合体的连锁企业品牌。位于杨家牌楼社区的这个新服务中心，总建筑面积约1500平方米，采取政府主导、企业运作模式。

这座养老服务中心的一楼，是老年食堂和社区卫生服务站。老年食堂面积近400平方米，按照阳光厨房标准打造，可同时容纳80位老人一起用餐，能满足300位老人的配送餐需求。

老有所养五星示范图

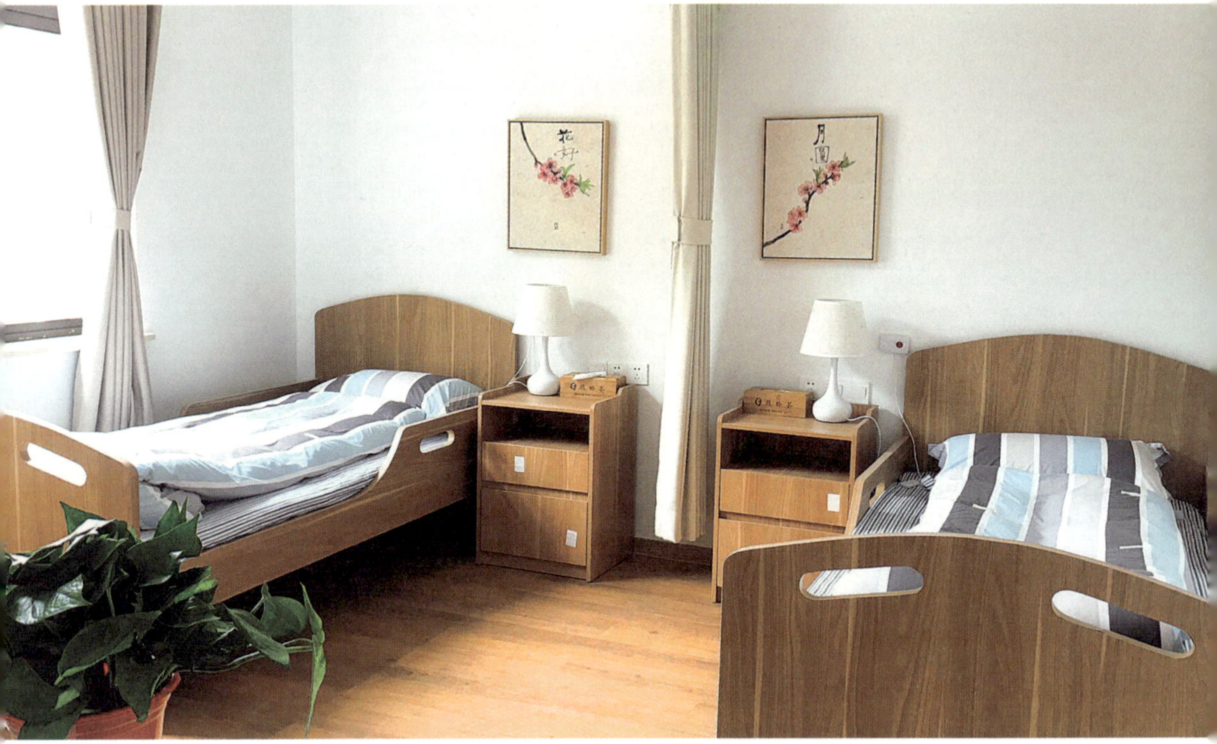

老有所养五星示范图

二楼是服务中心的活动功能区。看了这里的设计，可谓“只有想不到，没有做不到”，有棋艺室、牌艺室、多功能厅，康复训练区、心理咨询室、法律援助室、书画室等等，还有放了十几张躺椅的“日托”小包间。

走上三楼，这里是服务中心的“全托”床位区，就是全托老人的寝室。十几个看起来像旅馆一样的标准间，两床一间，窗明几净，整洁舒适。

服务中心的四楼，把建筑的平台加以充分利用，设置为户外健身区，老人们可以在此呼吸新鲜空气、健身锻炼。

若把这座养老服务中心的照片放到网上，多半有人会以为这里是个高星级宾馆。

据介绍，杨家牌楼的这座养老服务中心，严格遵照五星级示范型的养老综合体标准，提供了生活、康复护理、托养、家庭支持、社会工作、康复辅助器具租赁、援助、餐饮配送、文化娱乐、示范指导等服务功能。值得一提的是，有些细节特别人性化，比如三楼各室采用不同的花卉来命名，方便老人记住自己的房间，老人房间的大门和厕所门被特意做宽了，方便老人的轮椅进出。

这个项目的设计方案，荣获了全国建筑行业设计金砖奖。建设者克服了房屋加固、天气问题等困难，披星戴月、栉风沐雨，经过“百日奋战”，在保证质量的前提下顺利完工，一家兼具专业性和留下本土特色

慰问高龄老人

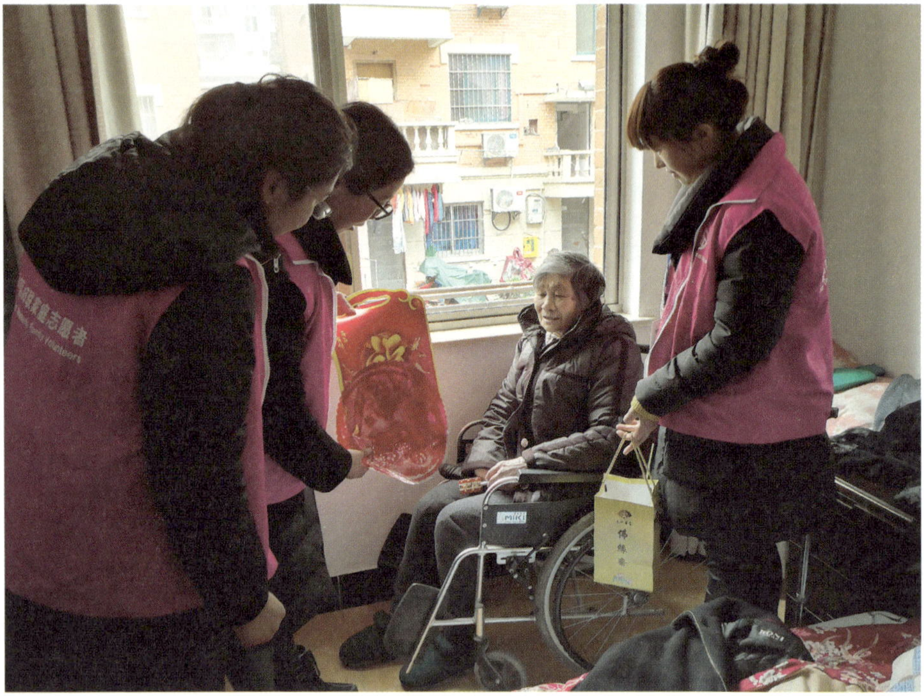

腊八节慰问困难老人

的养老中心如期呈现在杨家牌楼社区。

居家养老在社会养老服务体系当中占的分量越来越重，而发展居家养老服务面临的“用地难”“供给难”“服务难”等问题，一直是难啃的“硬骨头”。这个服务中心也是当地政府的实事项目，政府一直围绕这件“关键小事”、民生实事，积极谋划部署和现场协调。上级部门多次来调研、考察，并评价说：“杨家牌楼养老服务中心辐射整个留下地区，更多的是发挥了它的示范引领作用。”遐龄荟居家养老服务中心服务覆盖留下全域，功能齐备、环境优雅、服务配套完善。这里将成为留下老人居家养老的聚集地，也将成为整个留下老年事业的标杆。

随着杭州人口老龄化、高龄化和家庭小型化的发展，养老已经逐步成为全社会最关心、最直接、最现实的问题之一，推进现代养老服务业不仅有利于保障和改善民生，也有助于实现和谐社会。

杭州市把示范型居家养老服务中心建设列为“十项为民办实事”项目之一，上级民政部门也把养老工作作为“头号工程”推进。养老这件民生实事，还让杨家牌楼上了2019年7月27日的《人民日报》第四版——

“2019年7月23日，又一个高温日。一早，浙江省杭州市民政局的调研组就来到西湖区留下街道杨家牌楼社区。此次‘不忘初心、牢记使命’主题教育基层调研，局里瞄准了养老服务这个民生热点、民生难题。”

这篇报道记录了当天的场景：调研组专门到杨家牌楼养老服务中心一楼的老年食堂、二楼的各类文体活动室实地走访，和老年居民、社区街道工作人员以及居家养老服务社会组织和企业的负责人一起座谈，倾

为高龄老人新年送福

听他们的意见。

2019年重阳节前夕，根据留下街道统计的数字，街道有60周岁以上老年人5328人，其中80周岁以上老人855人，90周岁及以上老人107人，孤寡、独居、空巢等特殊老人24人，失能半失能老人215人。一家街道级的养老机构，在当地应该是刚需。遐龄荟杨家牌楼居家养老服务中心是街道设施功能最完备、服务标准最高的大型综合养老机构。接下来，留下街道将以杨家牌楼社区服务点为中心，对周边村社进行辐射，设置更多的养老服务站点。

内涵培育筑精神家园

暑假一到，一群青春靓丽的小伙、姑娘就高高兴兴地来到了杨家牌楼社区。他们是浙江经贸职业技术学院的学生，专门赴杨家牌楼进行暑期社会实践。选取杨家牌楼社区的这支小分队，他们的实践课题就是："扬非遗文化，践匠心精神"。

这是一次难忘的暑期社会实践，他们在地标标志牌楼下集合，也认认真真地举行了简短的"启动仪式"，在社区寻访探究，参观了杨家牌楼文化家园，"看老城凤凰涅槃，见牌楼重焕生机"。杨家牌楼社区工作人员热情地接待他们，一起互动交流。

这是学生们对这次暑期实践的充满感情的总结："杨家牌楼文化家园蕴含了当地的自然风貌、民俗风情、人文景观、牌楼优秀的传统文化以及历史发展与变迁，家园的每一个角落都流露出了关于文化的源远流长，每一件工具上都深深地印上了时代的影子，仿佛回到了上世纪七八十年代，那种面向黄土背朝天的境遇。走在杨家牌楼的醇香历史中，感受着当地旧貌与新颜，回味无穷……"

诚然，杨家牌楼社区深入挖掘和展示村社的历史遗迹、文化遗存、先贤故事，通过墙、廊、馆展示，文化家园成为百姓学习传统和游客体验生活的重要场所。

文化兴，则人气旺。

一年四季，春去秋来，杨家牌楼分别会按期举行新春祈福礼、端午传承礼、重阳敬老礼、新兵壮行礼、中式婚礼等传统民俗文化、礼

为困难家庭贴春联送祝福

仪类活动，真正把文化阵地的作用发挥出来，不断提升群众的幸福感和获得感。

同时，杨家牌楼社区建立完善各项村规民约，规范群众日常行为，开展身边好人和最美人物先进事迹评选活动，让“最美精神”在这里落地生根，不断提高群众的文明素养，并重点培育文体团队、文化能人和文化带头人、文化志愿者等三支队伍，让他们成为增强文化礼堂“造血”功能的重要力量。

建设文化家园，要把弘扬社会主义核心价值观贯穿于全过程，不断

迎新春送祝福

写春联送祝福

强化思想引领和道德教化作用，把“以德树人”摆在首位。社区相关负责人表示，他们将继续挖掘社区的红色记忆，形成有历史印记的红色文化，广泛开展中国特色社会主义核心价值观、党的十九大精神宣讲，强化人民群众的红色基因，也会坚持每年开展春节祈福、重阳敬老等传统礼仪活动，传承好优秀传统文化。

什么是一个洞察社区文明的窗口，哪里是一方乡土文化传承的平台？答案是文化家园。接下来，杨家牌楼社区将继续大力挖掘地域文化，发展民俗文化，以文化为魂，留乡愁、聚人气、提精神、促经济，营造出更富有诗意的“人文牌楼”。

杨家牌楼社区工作人员说，他们会不断开创文化家园建设的新局面，让社区文化家园建设有模有样、有品有味、有声有色，还将充分发挥社区文化家园“红色堡垒”的积极作用，坚持“建、管、用、育”一体化发展，围绕提升内涵、打造特色、丰富活动、创新机制等，进一步提高文化家园长效管理机制建设水平，将文化家园打造成为对广大社区居民有感召力、吸引力、凝聚力的精神家园，成为新时代社区文明的坐标。

“清风亭”倡家风树品格

杨家牌楼社区还有一个特色，就是建了一个微型廉政公园！

2018年夏天，杭州首座社区廉政文化主题公园在杨家牌楼落成并正式开放。它成为周边居民一个全新的休闲小憩好去处，也是接受廉政文化熏陶的体验点。让老百姓颇有感触的是，这年夏天之前，这里只是溪边的一片闲置空地，没想到经过社区的精心设计和创意主题打造，转身成为休闲娱乐的城市公园，杨家牌楼人由“村民向市民”的生活化转变，大大迈进了一步。

2018年春末，为配合西湖区及留下街道反腐倡廉历史教育基地宣传的红色廉政主题，杨家牌楼社区开始根据新建公园地点特点，充分考虑公园周边自然环境状况，对廉政文化园进行规划设计，把“红色廉政”融入现有的社区公园环境内，在不破坏原有格局、不改变绿化景观的前提下，以主题石、宣传廊

廉政文化园

廉政文化园

等形式植入红色党建廉政主题。

于是，杨家牌楼社区不仅在文化家园里设有廉政文化教育室、廉政电影放映室，还就地利用废弃水井房地块，建成了一座独有的户外廉政文化主题公园。

我们来到廉政文化园入口处，围墙上写着中国历代各种字体的“廉”字，营造了深厚的主题氛围；一座变电线杆，被巧妙利用做成了标语牌，上书“勤以为民，廉以养德”。

走进公园内，右边立着一个廉政文化园的牌子，左边是两个大篇幅的宣传海报，上面是各项反腐倡议、廉洁准则、西湖区村社干部“十要”等各种纪检廉政内容。再往前面走，左右两侧是户外健身器材，然后可见小草绿树间立起图文并茂的宣传栏，通过艺术创意展示的方式，把创新廉政教育形式融入公园景观中，“以润物细无声”的方法，实现教育与感化，让每一个漫步于公园的市民都能够在休闲游览中感受廉政文化的熏陶和教育，培养廉洁文化素养，让廉政意识深入每个人的灵魂深处。

再往前一直走，就是被当地称为“九曲连心桥”的景观，清澈的溪流对面有座凉亭，这座亭子被命名为“清风亭”，配着一副对联——“雪压青松志坚一身正气，风吹翠竹心廉两袖清风”。这座清风亭提升了整个廉政文化公园的内涵。在沿路的灯杆和监控杆装上廉政刀旗，让参观者从远到近，都能融入廉政文化的氛围当中。

廉政文化公园建成后，杨家牌楼社区多了一道独有的“美景线”。这里鲜花簇拥竞相争艳、树木花草翠绿欲滴，吸引不少人前来欣赏。社区还以宣传展板、宣传资料为宣传载体，通过廉政漫画与文字相结合、廉政小故事等具体内容展出的形式进行廉政文化宣传，吸引了社区广大居民群众驻足参观学习。在活动中，社区工作人员主动向观看的居民耐心且细心讲解廉政文化相关知识，帮助居民群众了解和认知廉政文化。人们漫步其中，尽情享受如画美景。无论是清晨还是傍晚，都有不少居民群众到廉政文化园里散步、休闲，他们带着家人、带着孩子去感受迎面而来的缕缕廉洁“清风”。

上级领导对这座特色公园的评价很高：“在居民休闲、锻炼、娱乐的公共场所，辅以功能性、主题性、艺术性为一体的廉政景观造型，不但让社区公园设施更加丰富、功能更加多样、环境更加优美，提升社区品味，而且能够让群众在休闲的环境中接受廉政文化的熏陶，对于营造风清气正的社会氛围有着重要的意义。”

风情绿道登高健身

来吧，到山水溪间，一起燃烧你的卡路里！

这声呼唤，让不少杭州市民把目光集中到了杨家牌楼这个健身“打卡”热门网红地！

2020年新年第一天，西湖区在留下街道杨家牌楼社区举办了以“首善西湖，魅力留下”为主题的迎新登高大会。来自杭州周边的选手、嘉宾、志愿者约1700人共聚于山水牌楼，沿着西溪慢行谷，兴致勃勃地登顶北高峰，途经西湖边起伏的群山，呼吸了清新空气，眺望西湖和西溪两大风景区，由衷地发出赞叹——大美家乡！

这次登高大会为何起终点选在杨家牌楼？举办方自豪地告诉大家，此次登高的起终点杨家牌楼，正是西湖区城中村拆迁整治的“样板”区。选择这一改造成果所在地，就是给大家展现这个西溪景观大道旁和美生活社区的全新风貌。

2020年是21世纪第三个十年的开始，新年伊始，良辰吉时，迎新登顶北高峰，呼吸清新的空气，远离城市的喧嚣。自豪的杨家牌楼居民，欢迎八方客人来这里，用登高健身的方式，迎接来自杭州的新年第一声祝福，迎接新时代的到来。

组织者给这个有意义的活动设置了趣味性分组。登高水准因人而异，他们针对不同年龄组成的人群，分设成三个组让大家来比赛。

入门级别是亲子组，线路从杨家牌楼沿西溪慢行谷登顶北高峰后折返，大部分路线平缓、轻松，适合亲子家庭及体验登高乐趣的情侣

登高大会

等人群。

中等级别是大众组，线路是从杨家牌楼出发的北高峰环线，比亲子组增加多座山峰的攀登，强度有所增加，适合都市白领、企业职工等休闲人群。

最牛的是第三组。如果说前两组都是10公里级别的，走走停停也差不多了，那专业级别的报名者，就选择参加这个挑战组。长达18公里线

登高大会

登高大会图

路，前半部分为西溪谷慢行道，景色优美、僻静，后半部分为西湖群山经典登山路线，适合有一定运动基础的广大登山、跑步、徒步爱好者，活动现场有专业组的勇士就表示，新年第一天挑战更长更远距离！

对于很多不熟悉这里的新杭州人来说，这里是从西溪湿地通往西湖灵隐景区的主要观光步行区域。

自然风貌优美和人文历史悠久的杭州西部群山，老底子也被人称作杭州的“后花园”，一直是很多人观景游山的好去处，在这里可以漫步青葱林间，可以在周围农庄品茶，还能登顶山峰观赏西湖盛景。从2007年开始，杭州陆续用石板台阶、水泥路等，将山间的各条山脊打通，成为一条长100多公里的游山步道。在游步道的建设过程中，充分挖掘了沿线花卉历史文化资源，集中力量打造重点特色植物，全域打造彰显特色的绿化景观，达到四季常绿的绿化效果。如今的游步道是很多杭州当地人和徒步登山爱好者们喜爱的地方，著名的杭州跑山线路就是指此地的游步道，人称西山游步道。

茶田旁的健身场所

现在，这条游步道修好了，大部分人都可以过来走一走，虽然消耗体能，但也是踏青、锻炼、看风景的好线路。笔者也时不时去走走，沿线能遇到不少老人、家庭、学生和情侣来走这条线。

西山游步道很大程度上与杭州西溪路接近且平行，杨家牌楼，正是地处这条腰带上的一座都市里的精致村庄，一座茶园里的风情小镇。

有这么好的条件肯定要利用起来。周末的西溪登山步道特别热闹，在靠近杨家牌楼、靠近西溪路的停车场内，经常停满前来探寻山水之人的车辆。在登山健身步道上，既有举着小旗的单位团建，也有带着孩子游玩的“亲友组”，树林之中会有登山爱好者团队在开展训练，互相加油之声，不绝于耳。

杨家牌楼人的健身意识也随之提升。在这个安逸舒适的社区，大家茶余饭后的话题往往是一些市井小事，有时候还会搓个小麻将解解乏。自从有了步道，早上老街坊邻居见面时，话题都变成了“今天去健身走了吗？”

一次集中登高活动后，心态放松的人们往往会对这里“上瘾”。杨家牌楼的沈女士每周和朋友约在游步道相聚。“家门口的青山绿水，提升了生活幸福感。工作中有什么烦心事儿，周末出来走走，看看这么美的风景，心里的疙瘩很快都消失了。”

“宣讲大咖”同台竞技讲好西湖故事

环境好了，房子也整齐了，人的精神面貌都好了！从街道到社区，各级党员干部牢记初心使命，在实际工作中，找差距，抓落实，发挥党支部的战斗堡垒作用和党员先锋模范作用，聆听居民的诉求，为居民做好服务，进一步增强居民的幸福感、获得感和安全感，努力打造和谐美好的社区。

为推动理论宣讲走进文化礼堂、文化家园，2019年10月31日下午，西湖区“不忘初心、牢记使命”主题教育宣讲比赛决赛在留下街道杨家牌楼社区文化家园举行。经过前期筛选评比，评审团从有关单位、镇街报送的41个微视频中择优评选出了12名选手进入宣讲决赛。

一切向前走，不能忘记走过的路。一切向前走，不能忘记为什么出发。

“守初心、担使命、找差距、抓落实。”各级党员干部永葆对人民的赤子之心，把践行初心使命作为终身课题，竭尽全力为人民群众“解难题、做实事、办好事”。

这一群声音“大咖”的精彩对决，谁能夺下金话筒呢?

选手们精神饱满，宣讲案例鲜活，从身边人、身边事出发——

“卖花奶奶为了归还一个包，在寒风中一直守候到了凌晨4点，这份爱心感动了很多人。在奶奶患病后，我们和社会也及时伸出了援手。奶奶以自己的爱心，收获了来自全社会的爱心。”

“改革办事事项19项、子项37项，全部实现了‘最多跑一次’，超

80%的事项基本实现了‘一次也不跑’；累计缩短办事时限191个工作日，提速率高达70%；累计压缩材料52份，精简率达到40%。”

比赛中，参赛选手紧扣主题，立足岗位，通过一个个生动感人的故事，结合自己的所思所悟，用视频、音频、图片、文字等形式，声情并茂地讲述了身边的“好人、好事”，真实再现了“有梦、追梦、圆梦”的奋斗激情，诠释了坚守初心、勇担使命的责任和担当。选手们热情洋溢、生动感人的讲述将比赛一次次推向高潮，不时博得现场观众阵阵掌声。

举办者表示，这样的系列比赛就是希望大家在“不忘初心、牢记使命”主题教育开展的过程中，不但要做到在思想上把握守初心、担使命，找差距、抓落实的总要求，更要在“为中国人民谋幸福，为中华民族谋复兴”的初心指引下，结合自身实际和工作岗位去奋斗，努力实现理论学习有收获、思想政治受洗礼、干事创业敢担当、为民服务解难题、清正廉洁作表率的目标。

据了解，这些优秀选手还会到基层进行宣讲，比赛视频也同时下发到各镇街文化礼堂、文化家园供组织学习。

宣讲

第三章　文化牌楼　精神家园

社区文化家园是乡村振兴的重要载体，也是一项民生工程。

杨家牌楼文化家园建在社区中心广场旁边，是一幢三层楼房，面积达2600平方米，室外文化广场1900平方米，合计总面积为4500平方米。它严格按照上级党委、政府下发的《关于推进农村文化礼堂、社区文化家园建设的实施意见》中关于农村文化礼堂、社区文化家园的具体标准来建设。

这里是一座文化综合体，这里也是一座精神家园。

高星级的社区文化家园，里面是什么样子，有哪些场所？让我们漫步三层楼间，感受这所全方位的立体精神家园的独特魅力。

牌楼美丽景观

时代记忆

这里能寻回早已遗忘的乡村记忆，拾起散落的悠悠乡愁。文化家园的一楼，很大一部分的功能是展示杨家牌楼的风土人情、历史文化和地域特征等。

乡情陈列馆，可能对不少城市居民来说还有点陌生。作为“让群众记住乡愁、留住乡情”的重要载体，它是建立在深入挖掘乡情乡史的基础上，充分展现农耕文化和民俗风情，展示当地文化遗产的独特魅力、重要历史事件的重大意义、重要人物的光辉事迹的一个所在。

步入一楼，杨家牌楼的乡情陈列馆最为引人注目。这里汇集了自然风貌、民俗风情、人文景观、牌楼优秀的传统文化，以及牌楼的历史发展与变迁，每一个角落都流露出了关于文化的源远流长，每一件工具上都深深印上了时代的影子。

为了打造区域特色，杨家牌楼社区在建乡情陈列馆时，还专门成立了资料收集小组，广泛收集村史村情、乡风民俗等历史资料。特别是征集了反映当时生产生活方式的生产工具、老物件、老物品。

现在这些90后、00后一辈的人可能听都没听过的老物件，静静地躺在杨家牌楼乡情陈列馆里，配上解说词，向前往的参观者诉说自己过往的故事……

就连一些在农村长大的外来参观者，也不由得感叹不已：“这些老物件，真的好久好久没看到过了。”

在展墙上，除了杨家牌楼的历史沿革，其他如梁肯堂、孙宝琦、丁

乡情陈列馆的老物件

乡情陈列馆的老物件

乡情陈列馆
的老物件

氏兄弟等名人的生平故事，也引人频频驻足。

这个陈列馆有着浓浓的地方文化特色，布局合理，展示设计精彩，以物述史，记录旧时光，丰富的内容留住了美丽乡愁。

如果有机会，大家可以来杨家牌楼社区文化家园看一看这个乡情陈列馆，看看它有没有勾起你满满的回忆？

社区文化家园不仅是展示社区文明的窗口、一方乡土文化传承的平台，更是“红色先锋”党建引领的堡垒，设立了多功能厅、红色影厅、中厅会议场地、青少年活动室、室内运动健身区等场所。

红色影厅（又名清廉剧场），定期播放廉政教育纪录片和红色影视剧。红色影厅是社区文化家园的重要特色板块之一。在这个80多平方米的红色影厅，社区通过播放红色电影，进行党的历史和党的光荣传统教

清廉剧场

青少年活动室

育，同时还专门选取了历史老电影，满足社区老党员、老居民数量多的实际服务需求。红色影厅的开放时间为每个周四上午。

看一部电影传承红色基因，看一集廉政教育接受警示，上一节党课经历精神洗礼。在杨家牌楼社区，这所红色影厅承载了红色阵地和清廉教育的双重功能。

寒暑假期间，不少居民一边工作，一边为家里孩子的假期生活发愁：关在家中太闷，假期在家里不是玩电脑就是看电视，没有家长看护，放任外出又不安全。杨家牌楼社区青少年活动室，正是一个好去处，既让孩子们的假期生活丰富，又能结交到新朋友。社区未来还会在这里开展书法培训、文体比赛、结对互动等活动，丰富孩子们的精神文化生活，促进可爱的下一代健康成长。

书香乐趣

这里是利民惠民的精神家园。

走上二楼，就能见到杨家牌楼图书馆。一眼望去，书架上文学类、科学类、法律类、历史类、少儿类图书一应俱全，旁边的杂志架上，还有各种期刊。社区图书馆设有图书、书画、电子阅读等区域，居民可在此交流学习、看书写字，也可以找资料、上网冲浪。在这里会经常性开展讲座，面向社区居民，开设门类齐全、知识实用的课程，让居民有所学、有所得。这里是居民的知识“加油站”，也可以说是精神驿站。一杯清茶，一册好书，一堂生动的讲座，养人心态，育人情操，催人奋进。

这个社区图书馆的建立在给居民提供免费看书场所、满足居民精神文化需求、激发居民阅读积极性等方面起到了积极作用。让社区图书馆成为居民了解社区、融入社区生活的门户，阅读、休闲的公共服务平台。

多功能厅，目前是党员活动室，“一名党员，一面旗帜”“一个支部，一座堡垒”。支部每月的活动情况，先锋指数互评表，各个支部每

图书馆

党员活动室

匠心守艺室

墙上的照片

墙上的荣誉

书画活动室

作协书画室

组织树

名党员名字的后面，对应密密麻麻地打满了五角星和一颗颗红星。

这里还设有西湖区作协家园馆，一间作协书画室。再往前走又是一间图书馆，有一块横匾牌，上书“翰墨书韶华”。

杨家牌楼组织树，形象而清晰地展现了整个文化家园的所有功能。

社区会堂

这里是社区交流的“人民大会堂”。地处文化家园三楼的社区文化大礼堂，是大家议事、办喜事的重要场所，也可以在这里闲聊畅谈。一句话，这里是居民当家做主的“大家园”。

邻居门对门，谁也不认识谁。这是大多数城市人生活的真实写照。随着工作和生活中的压力越来越大，人们非常渴望有一个心灵的港湾，让疲惫的心态得到放松。良好的社区人文环境和文化资源，就是大家最好的精神家园。

在这里可以感受到浓浓的西溪留下特色。散发着文化氛围的和谐宜居社区，是群众的切身需求。在这所文化家园里，居民可以看大戏、看电影，民间艺术团也有一方传承阵地，为民间艺人提供展示舞台，为文体爱好者提供交流平台，丰富农村文体生活，培育乡土文化人才。每年，这里都会开展新春祈福礼、端午传承礼、重阳敬老礼、新兵壮行礼、中式婚礼等传统民俗文化、礼仪类活动，真正把文化阵地的作用发挥出来，不断提升群众的幸福感和获得感。

一张张照片记录欢乐瞬间，一张张笑脸汇聚和美村风。文化家园里的一面幸福笑脸墙——正在向我们

幸福笑脸墙

讲述杨家牌楼居民生活的幸福篇章。

社区文化家园是集教育功能、展示功能、文化精神传承功能和娱乐功能于一身的文化综合体，是提升社区文化建设水平的重要保障。开展社区文化家园建设，有利于增强居民归属感及社区凝聚力；有利于传承优良文化传统、积极的价值追求；有利于丰富居民群众的精神文化生活，引导人们追求科学健康的生活方式。

身有所栖，心有所寄。

从建到用，建好文化家园，房子造起来，牌子挂起来，这只是初级面貌的文化家园。摆在基层管理者面前的待解之题是，让这里动起来、活起来、用起来，让社区群众愿意来、喜欢来。提升软件则更是关键一招。与时俱进和稳步提升，绝不仅仅是建起来就完事了，关键还是要做好“提档升级”的文章。

在杨家牌楼社区文化家园，文艺演出、民俗活动……社区大大小小的活动基本都在这里举行，成为激活文化家园的一池春水。

文化家园三楼大礼堂

第四章　精细服务　利民惠民

住在杨家牌楼社区的人们，专享“十分钟服务圈”便利，生活幸福指数肯定很高。

而这源于精细的基层服务，让利民惠民落到实处。

杨家牌楼社区做优“人性化”服务文章，让“最多跑一次”综合服务实现了就近办，并从探索“精细化”服务角度出发，提升了杨家牌楼群众对社区服务的参与率、知晓率和满意率。同时，设置“孝心车位”的创新做法，营造了浓厚的孝善氛围，体现了强烈的社会责任；符合现代生活方式的农贸餐饮一体化生活中心，正在全力打造中，它将满足“民以食为天”的刚性生活需求；社区卫生服务中心解决群众就医的最近一公里难题，让居民在家门口就能享受到优质医疗资源……

牌楼美丽景观

不出牌楼的“十五分钟生活圈”

改革动真格，释放红利一大波。如今，“最多跑一次”改革，已从政府部门延伸到社区，作为街道辐射区域三个政务服务站点之一的杨家牌楼社区，群众办事少跑腿已经成常态。

全面梳理可下沉、可延伸至基层办理的服务事项，推动公民事项下沉，打通服务群众的“最后一公里”，通过在社区建设受理平台、设立自助服务机等方式，争取让群众的个人办事事项在就近的生活圈内即可办理——这是杭州在“最多跑一次”改革中力推的一项重要工作。

围绕这一目标，杨家牌楼社区做好“最多跑一次”及“就近办”工作，努力提升人民群众对“最多跑一次”的参与率、知晓率和满意率。

“我们给老百姓打造一个不用走出牌楼的‘十分钟服务圈’。”据社区干部介绍，他们通过做优人性化服务文章，社区“最多跑一次”综合“就近办”，从探索“精细化”服务角度出发，特别开设了一站式服务窗口，服务企业和个体经营户。同时，创新开设物业服务特色窗口一个，已开展物业维修报备、社区停车包月、装修备案、业主房屋出租登记四项服

务等。

杨家牌楼所属留下街道多次召开“最多跑一次”“就近办”工作推进会，全体区管干部、各相关科室负责人和社区（村）工作人员参加会

十五分钟生活圈

议，共同讨论如何深化做好“最多跑一次”工作。会上大家踊跃发言，为“最多跑一次”工作出谋划策，对“就近办”的事项梳理存在的问题、优化的思路，进行认真讨论。街道领导也多次到杨家牌楼社区服务中心站点切身体验、现场查看。

“最多跑一次”，就是让群众办事少跑甚至不跑。那首先要让群众享受到信息透明的便捷，把“最多跑一次”的服务项目内涵转化为全面的信息宣传覆盖。

为了加快大家对“就近办”的知悉和使用，留下街道和杨家牌楼社区两级都想了不少办法。

“什么是就近办？如何实现就近办？”这是一份蓝色调打底的“最多跑一次就近办”简介宣传卡上的内容。街道针对办事服务类项，制作了便民折页宣传卡，社区工作人员向群众分发并张贴，特别针对“就近办”和移动办服务事项，开展了点对点和巡回宣传。目的很明确——办事信息公开，群众知晓了解。

移动互联时代，人人都有手机。“最多跑一次”有不少事项可以实现网络办理。社区对群众进行耐心指导，让大家能充分使用各种服务软件来办事。社区的党员志愿者、社区社工团队等，通过发放“一封信”进行业务指导，海报、易拉宝、滚动视频，宣传橱窗常态、长期、滚动告知，“一对一、一对多”对浙江政务服务网等“线上”业务办理进行“辅导式”指导，让数据多跑路，让群众少跑腿，让“就近办、网上办”网上App操作服务理念深入人心。通过“微信定制”统一发送等方式渠道，以及与居民群众面对面讲解，引导居民去“就近办”服务点办理业务并为他们提供相应的咨询服务，加深居民对“就近办”的认识，将民生福祉和政策便利送到百姓手中。

15分钟生活圈

杨家牌楼的老百姓说，以前办事程序繁琐，有些不知道找谁、怎么办。现在家门口甚至在家里用手机就能搞定。以前是到了才知道需要哪些手续，现在办事程序都上了墙、上了网，事先需要准备什么材料，一

杨家牌楼
茶芳歇
意

牌楼故事

目了然。

目前，社区还在提升优质硬件设施，提供更为软性的服务。比如在杨家牌楼统一“硬件”设施。道路卫生、绿化养护、停车管理、标识标牌有专人维护、定期检查。对杨家牌楼社区服务站点内部提供“软性”服务，开通EMS快递送达服务，提供茶水、报纸、老花镜、签字笔、医疗包、意见箱等多项便民用品，并推出“提前五分钟到岗，送一份爱心”“推迟五分钟下班，留一份温馨”等各项人性化特色举措，对有需要人群提供贴心优待服务，重点关注老、幼、孕、残等特殊人群。下一步，社区将发挥家庭+社区服务主导地位优势，开展“e家人”“零跑次”等活动宣传和推广，做好上门代办送件、咨询服务、广场宣传推广活动等公益事项，实现“最多跑一次”“就近办”群众知晓、满意等“三率”提升。

慰问特殊家庭

孝心车位便利“常回家看看”

“这个‘孝心车位’真方便，以后来看我爸妈就不用愁车子没地方停了。”周日，家住杭州城东的吴先生开车带着妻子、儿子回到杨家牌楼看望父母亲。他将车子停在了一个“孝心车位”上。

“我妈周三就告诉我小区有了‘孝心车位’，周末回家里吃饭可以免费停车，我第一时间就联系了物业。今天来了发现，这个车位美观又醒目，放心停，真好！”

类似吴先生这样的牌楼子弟，成家后在外面买房，与老人分开居住的不少。为切实解决杨家牌楼老人子女回来探望父母相聚时停车难的问题，社区与物业商量后，在社区里划分出了“孝心车位”，鼓励子女们多回家陪陪父母。“周末和节假日来看望父母的车主，都可以提前预约‘孝心车位’，在车位非开放时段，其他业主仍可以正常使用。”社区工作人员表示。

“儿子回家来看我们，以前停车子真当是麻烦。平常工作忙，到了周末，社区里大家也都休息，车子都停起来了。大家条件好了都有车子，所以儿子以前有几次绕了几圈才找到车位，有次找不到车位只好先把媳妇、孙子放在我们家门口，再一个人开着车子找到外面老老远的停车场去停车，实在太不方便了。”吴先生的妈妈、杨家牌楼社区的张阿姨说，刚听说“孝心车位”推出，她就第一时间告诉了儿子、媳妇。“这下心宽了，孩子来看我不会找不到车位了。”

令人暖心的免费“孝心车位”，是由杨家牌楼社区联手物业推出的，子女在双休日回家看望长辈，可免费停车。车位白天平时可共享，方便居民就医、探亲专用，在晚上、周末等时间段重点统筹安排。

在车位本就紧张的社区要推行这一举措，看起来容易，做起来不容易。开设孝心车位之前，社区专门成立了项目小组，对整个杨家牌楼社区的车位、停放情况、峰谷时段等，进行了全面排摸和统计。社区协同物业、设计单位等开展调查走访，同时建立社区老人的“亲情档案”，还专门制作“孝心停车卡”发放给社区老年住户，制作了孝心车位指示牌，牌上的车位联系人、预约电话等一目了然。

孝心车位

为鼓励杨家牌楼出去的孩子们常回家看看，社区还在做一些创新探索。比如推出孝心专属积分兑换制度，对每月子女探望老人达到一定次数和在自家门口主动提供“流动孝心车位”的居民，给予一定积分。这些积分累积到一定数量，可以兑换杨家牌楼社区共建单位提供的中医问诊、理发美容等服务。对所有申请使用过

“孝心车位”的车主，实施信用管理机制，一旦同一车主免费停放额度使用完了，能及时给其他“孝心车位”预约车主使用，体现公平原则；同时，如预约车主无故取消预约，将对以后预约产生一定影响。

孝心车位公约

其实，有识之士曾经评论说，停车难并非子女不能回家看老人的根本原因，而是阻挡在他们回家路上的一个路障，“孝心车位”的设立，给子女回家探望父母创造了良好的外部环境。杨家牌楼社区联手物业的这一做法，营造了浓厚的孝善氛围，体现了强烈的社会责任，大家的心愿是一致的：“希望子女们带着孝心与关爱常回家看看！”

车位虽小，却是暖心有爱之举。设置“孝心车位”，为回家看望老人的子女们提供停车方便，实质上是鼓励子女们“常回家看看”，多尽孝心，让老人老有所乐。其背后既是在保障老人的合法权益，又是在弘扬孝道文化，其意义既现实也深远。因而，有关方面正在设法让“孝心车位”成为小区文明的标配。根据计划，杨家牌楼所处的西湖区已经基本完成老旧小区“孝心车位”建设全覆盖。“孝心车位”的建设和管理也将以社区为主体，通过业主委员会、居民会议、居民委员会等，加强物业服务企业、居民群众的参与互动，其建设成果由居民共享。

家门口逛吃生鲜菜场和网红餐厅

在老百姓心目中，菜场是最贴近百姓生活的食材场，最展现人情百味的交流馆，最提得起却放不下的“菜篮子”！一家农贸市场集市，一家餐饮综合体集市，这是杨家牌楼社区正在致力打造的两大综合体集市。

杨家牌楼社区所处的杭州城西生活圈，是杭州较早成规模的新兴人口集中居住地，多年来建成了多个大型农贸市场，包括了超市、衣品店、餐饮等功能，可惜它们距离牌楼社区都不近，如果不是集中大采购，专门去一趟，费时不合算。而离社区近的那些传统露天农贸市场，消费主体曾经一度以中老年人为主，也渐渐在城市化进程中成为过去式而淡出了。

现如今，农贸市场的定位从之前狭义上的农贸消费市场，更多的转型成为一站式购物场所，在人群定位上不再专攻做饭人群，年龄段变得更加广泛，更贴近于老百姓的生活刚需。

现代化的社区生活消费配套，要囊括各个年龄层次的人，特别是现在，年轻人成为消费主流。曾几何时，提到菜场就是杂乱、潮湿、喧闹的刻板印象，而一些大规模的农贸市场经过改造升级，不仅可以买菜还可以在这里吃饭、闲逛……

在杨家牌楼这样一个密集、庞大、多元的社区中，“菜篮子工程”是与居民生活息息相关的民生项目，是社区居民期盼解决的热点问题。摆在街道和社区面前的一道题目，就是要满足社区百姓们日常生活中产生的不同消费需求，还要调和各年龄层次人群的喜好，打造集农贸购物、餐饮休闲娱乐为一体的生活中心。

我们了解到，街道正在杨家牌楼社区打造两大综合体集市，家门口的“菜市场+餐厅+超市+创新社区业态”指日可待。

一个是农贸市场综合体。是以“生鲜菜场”为核心的生活服务集市平台，占地3000平方米左右。这个生鲜菜场分内场和外场。内场是个升级版菜场，拥有蔬果、肉类、海鲜水产品等摊位，方便社区百姓就近采购。外场则由美容美发、洗衣护理、创意家居小馆等生活便利店组成。在设计风格上，这个小综合体定位本土市场，整体风格加入创新元素，以鲜艳色彩为主，明显不再是传统街市的调性，转型成了超市型街市，同时本土市场组合各种各样的接地气又高颜值的租户，尽力给顾客营造现场体验感，以此给牌楼内的各类居民消费者提供实实在在的服务。

另一个是餐饮综合体集市。这是个美食广场，目标是打造一个多元化、品牌化餐饮综合服务体。建成后会引入一些高端、网红品牌餐厅，为杨家牌楼社区本土居民和外来的旅游者提供一站式、类别化餐饮服务。

无论是买菜还是聚餐，现代化的菜场和集市在杨家牌楼建成后，将不再局限于农产和餐饮的流通。作为社区综合配套的发展和提升的重大标志，两大新建的综合体将逐渐承担起更多的社会功能，比如邻里之间的情感维系，市井之间的热门话题。古往今来，生活又何尝不是在街头巷市流转呢?

有了卫生服务站　看病便捷又经济

“没有全民健康，就没有全面小康。”民生无小事，一个都不能少。如何解决群众就医“最后一公里”难题？党的十九大报告提出：加强基层医疗卫生服务体系和全科医生队伍建设。为人民群众提供全方位全周期健康服务。社区卫生服务点，是为社区及周边广大群众建立健康档案，并提供安全、有效、便捷、经济的基本医疗服务和贴心、全面的基本公共卫生服务，并为老年人及高血压和糖尿病患者等慢性病患者定期免费体检，提供及时的健康指导的重要一站。

杨家牌楼社区构建了与居民医疗需求相匹配的社区卫生服务体系。位于杨家牌楼社区中心广场的卫生服务站，是第一批纳入省、市医保定点的单位。中心的专业卫技人员给社区居民提供基本医疗、预防、保健、康复、健康教育与计划生育指导等六位一体的服务，还为社区居民免费建立家庭健康档案，对慢性病、老年病患者建立家庭病床及健康保偿合同服务，实施针灸推拿等。

社区服务中心

社区卫生服务站的建设，为辖区居民提供了便利，打通医疗服务最后一公里，让群众在家门口就能享受到优质资源，构建“小病进社区，大病进医院”的分级诊疗格局。

这里麻雀虽小五脏俱全。小小的一间卫生站，能够提供内科、中医科、全科等基本医疗服务，在卫生服务站里，有配降压药的中年人，也有配普通感冒药的青年人，也有按时定期来量血压、测血糖等的老人。

中心广场上闲坐的几位老人，对于卫生站这里的人员进进出出，他们几乎天天看在眼里。身体硬朗的他们，大多数时候不用看病，也不配药，听闻笔者是来了解卫生服务站的，老人们高兴地说：“看点小毛病到这里只要走几脚路，太方便了！有时候就是在这里看着这个卫生站，有医生在，我们老年人就都放心了。”

社区也正推进家庭医生签约服务。家庭医生服务对于一些行动不便

文化家园正门

的老人来说，实在太方便了，只要一个电话，足不出户就能享受上门医疗服务。平常也可打电话给医生咨询健康问题，而且医生还定期上门检查身体。

对腿脚不便的老人，卫生服务站日常开展“送医疗”及“送药品”上门流动服务。有些老人家发烧了，腿脚又不好，家里年轻人又不在，热心的邻居发现后，会来服务站叫医生去看看。服务站医生说，上门为老人服务已然成为一个常态，还会上门为一些生病或者下楼不方便的老人送药、测血压。

除了看病、输液、配药，卫生服务站还提供转诊服务。住在杨家牌楼的一些患有慢性病的老人，用的是处方药，以前有时候隔一周就要坐公交车去趟大医院开药续药。通过转诊服务，不需要每周去大医院配药再带回家里了，只需要走几步到社区卫生服务站转诊就行了，大大方便了居民。

杨家牌楼卫生服务站将不断提高硬件设施水平，以满足群众基本医疗需求和用药需要。

第五章　科学治理　享受美好

经历了城市有机更新的过程，传统社区摘掉“脏乱差”的“破帽子”，旧貌换新颜。

科学的社会治理，既能让人们享受美好生活，也能保一方青山绿水。从原来狭窄逼仄、脏乱差的城中村，杨家牌楼华丽变身为典雅现代、和谐美观的现代化社区，面貌焕然一新。

当年清澈见底的杨家牌楼溪（简称牌楼溪），从记忆中又回到大家身边。

环境好了，房子整齐了，人的精神面貌也好了！与此同时，大家发现，充满生活情趣的烟火味与规范管理的秩序化，并不是一对无解的矛盾。

和硬环境的更新同步，杨家牌楼社区的邻里之情，也在逐渐发生“化学反应”。远亲不如近邻，本地村民与新杭州人和谐共处，消除了原来独门独户的那种隔阂感，人们深深体会到了美好环境的获得感。社区文化家园的建设，改善了社区治理，提升了居民文明素养，已经成为民有所乐的文化集聚地和传承文脉记忆的乡愁基地。

美丽景观

城中村华丽变身新时代标杆小区

提到杨家牌楼门口的那条西溪路，不少老杭州肯定对城西交通主干道有着不算太良好的记忆：西溪路，曾是杭州向西交通的重要通道，修建年代较早，狭窄易拥堵，路面坑洼不平，雨天积水严重。而这条道路两侧的各个农居点，更是房屋密集、违建众多。

如今，当大家开车经过西溪路，记忆中的杂乱景象已一去不复返，出现在眼前的是一条集沿线小镇、特色景观、民生休闲于一身的靓丽大道。

杨家牌楼社区，和西溪路同步“旧貌换新颜”。

曾经的杨家牌楼，是杭州城西较知名的城中村，历次阶段性的发展，终归有些无序。当时人们一走进杨家牌楼，第一感观就是和其他城中村一样：脏乱差！很多擅自搭建的违建，各种杂乱的出租小屋。那时的杨家牌楼有460多户人家，本地居民是2000多人，而外来租住人员高达2万余人。开车进入社区更是非常不便，原本村道就仅容两辆小车并排通过，

牌楼美丽景观

社区入口牌楼

而这种宽度的道路路面两边，布满了各类中低端消费场所和小出租房。有小快餐店、熟食铺，也有贩卖鱼虾、蔬菜的小摊——于是汽车、电瓶车、自行车、三轮车等各种车辆来来往往，互不退让，挤在这条狭长的村道动弹不得，拥堵混乱。

杨家牌楼人回忆说，那个时候，很多人都不太愿意出门。小路上都是电瓶车，挤来挤去，万一摔倒了怎么办？一到饭点，路边各种烧烤摊、露天炒菜排档摊的油烟四散，路过时喉咙都被呛得受不了。

向上看，满是蜘蛛网般乱拉的电线，向下看，到处是成堆发臭的垃圾。

2015年5月，随着当时全省五水共治启动，牌楼溪两侧各六米以及河道上开始清除违建。仅这一范围，当时拆掉的违建房屋共计70余间。违建拆除后，原先被盖住的河道重见天日，露出来的牌楼溪经过清淤、水底重新铺设后，多年未见的清泉山水，又从上游流下来了。

2015年8月，杨家牌楼开始了城中村整治。当时的拆违，在杨家牌楼并非易事。历史原因形成的各家违建，几乎都已成为出租房，为了多招些租户，几乎每家每户房前屋后都有违法建筑，在治安、消防、环境等方面都存在着隐患。已经是居民收入主要来源的违建房，拆除的阻力可想而知。

一开始，大部分居民都是抱着能拖就拖的侥幸心理。

上级部门和社区形成共识：克难攻坚，必须摘掉杨家牌楼杭州城中村“脏乱差典型”的这顶“破帽子”！ 群众看党员，党员看班子，党员动起来，拆违建的整盘棋就活了。

杨家牌楼101个党员“编织一张网，下活一盘棋”的做法，得到了上级的肯定，当时还被新闻媒体做了典型经验报道。规划的牌坊东路正好穿过一位党员的家，他家要全部拆掉，重新迁建。人之常情，这位党员其实挺不想拆的：“我的房子比较新，价格也租得挺好的。但后来，我开始思想斗争了。想着如果我不肯拆迁，以后的居民们肯定看着党员的做法也不肯拆迁。整个工作就没法做了。”所以他决定拆，还去说服了家属。

杨家牌楼村党委把所有的党员聚集起来，让他们感受到党员的责任感，再让他们去宣传政策。做通一个家庭顶梁柱成员的工作，几乎就等

拆违前照片

拆违前照片

拆违前照片

于做通了一个家族的工作。每个党员都要签无违建的责任书——不仅保证自己的小家没有违建，而且要保证和他有直系血缘关系的家庭都没有违建。101个党员，通过血缘的纽带，编织起了一个大网。

谁没有几个党员亲戚？干部上门给居民做工作，党员们则抓住茶余饭后、散步买菜等日常时机做好宣传和解释，把拆违、整改的整个大局和规划，用最乡土的语言讲给亲戚、朋友和担心拆违后收入会下降的普通村民听，看到党员的家都开始动真格的了，大家的侥幸、观望心理就

牌楼美丽景观

没了。

2016年1月，杨家牌楼城中村整治正式启动，主要分为拆、改、配、管四方面工作，共计拆除15万平方米违法建筑。社区先后完成基础设施的建设、沿西溪路和沿牌楼主干道两侧和牌楼溪的99幢房的立面整治。二期360幢房屋的立面整治完成后，三期配套设施公建建起了现在的文化礼堂、停车场等。同时，实现生活污水治理全覆盖，完成天然气管道铺设，社区的景观绿化铺设等生活基础配套改造。征求居民集体意见后，社区请来了专业的物业公司来管理新建好的社区。整个牌楼社区，硬件和软件都看齐商品房小区标准。

短期阵痛过后，看着整改完成的社区，杨家牌楼居民对自己的生活环境都有眼前一亮的感觉。让他们更为惊喜的是，之前有人顾虑的家庭租房收入，更是有增无减。当时的一名社区干部接受媒体采访时，拿自己家算了笔账："我家违建原来是7间，租金都很便宜的，加上主屋13间房，这20间房一年的租金是7万多。现在只有13间房出租了，但单价翻了一番多。按这个价格走，房租收入每年超过12万。"

众望所归，杨家牌楼经历了一轮拆改，从原来狭窄逼仄、脏乱差的城中村，华丽变身为典雅现代、和谐美观的现代化社区，面貌焕然一新。

牌楼溪边享治水成果

杨家牌楼曾经被称作石人坞，有一条牌楼溪，就是从村背后的扇子山、石人岭、九曲岭蜿蜒而下的山水，纵向贯穿整个村落。如今大家在牌楼溪边散步，可以看到水下的鹅卵石。河边是新种植的绿色植物，岸边是新铺设的游步道——在小型河边公园里，近看有干净的流水、远望有山上的茶田，好像置身于西湖风景区的茶山景点。

在过去的十多年里，一度消失的牌楼溪，却是这里居民们说不出的痛。

曾经，3米宽的溪流上，被搭上了木板和彩钢瓦建起的简易房。这样一间屋子，一个月租金在100元左右。因为违章搭建风盛行，这样的房子多了，甚至于整条牌楼溪都被违建盖住了。于是，大家看不见的生活垃圾、卫生间排泄物就从这些违建底下直接排入小溪，牌楼溪夹裹着污染物，一路向北流向西溪湿地。

让美丽河道回到老百姓身边！五水共治以来，西湖区启动了杨家牌楼社区城中村整治，拆除违建，从源头上杜绝污水来源。让群众享受治水成果、体会美好环境的获得感，这是治水的意义所在。

2015年，杨家牌楼溪被列入西湖区第六批9个治水项目之一。治水项目主要分为拆、改、配、管4个方面：共计

杨家牌楼溪

拆除15万平方米违法建筑；留下街道对杨家牌楼溪进行了清淤，在两岸设置景观带，种植绿色植被，并开辟出一条宽1.5米的游步道；同时，针对社区没有雨污分流、生活污水直排入溪的现象，街道沿溪流埋设雨污分流的管道，包括阳台水在内的居民生活污水全部进入污水处理厂。整治后的杨家牌楼溪水逐步恢复清澈，成为西溪湿地水源的重要补充。

改善水质只是杨家牌楼溪治理的第一步，如何保持水质，是社区工作的重点。杨家牌楼社区安排了两支队伍，相互配合，共同监察河道情况。

一支是由社区的党员干部自发组建的监察队伍。社区中的100多名党员，共分为5个小组，每个小组负责1个星期，早中晚各巡河1次，5周一循环，主要针对居民用溪水洗衣服、随意丢弃垃圾等不文明行为进行劝阻。这些党员中，不乏已经退休、年逾古稀的老同志。老党员杨善昌已经70多岁了，积极地参与巡河。更有意思的是，老杨的孙子放暑假就跟着他一起巡河。爷孙俩很高兴能在家乡河边护河护水！

另一支队伍则是由杨家牌楼社区专门聘请的物业人员组成的，他们24小时在岗，实时监管河道情况。除此之外，杨家牌楼社区还沿河道设置了数块提示牌，用简单形象的文字潜移默化地影响居民的行为。

如今，杨家牌楼已大不一样。就拿环境来说，据社区干部介绍，夏天一到，杨家牌楼的老街坊们说，大家能在小河边听见青蛙叫！河里的鱼也回来了——记忆中的清清小溪，又回到大家身边了。

在大家的共同努力下，牌楼溪两岸变成了绿草如茵、溪流清澈的公园。每天傍晚，溪边就成了居民的“娱乐胜地”。居民们的业余生活也变得丰富多彩起来。居民吴建美喜欢来溪边跳扇子舞，她说，以前这里到处是违建，地方不够用，姐妹们常常会因为“抢地盘”而吵起来，现在溪边开辟了多个小广场，随处都是可以跳舞的场地。

牌楼美丽景观

拆掉围墙　邻里的心“墙”也没了

拥有社区居民785户，常住人口2000人，外来人员14000人，杨家牌楼是一个大型社区。“同在屋檐下，相逢成陌路”的尴尬，是影响城市邻里关系的一道“墙”，这个城市化“通病”会不会在这个社区出现?

人们惊喜地发现，随着生活硬件的不断升级改造，在这个现代化社区里，本地村民与新杭州人和谐共处，一同体会美好环境的获得感。

在土生土长“牌楼人”的记忆里，20世纪90年代后，随着社会经济的发展，本地村民纷纷外出，同时不少外来人员涌入杨家牌楼。房子租出去后，村里开始多了来自各地的方言。渐渐的，家家户户都建起了围墙，有些还搭起了违建，邻里间也不如以往那么熟悉了，邻居见面要么不说话，要么因为生活小事互不退让……

低头不见抬头见的邻居，一度成了生活中“熟悉的陌生人”。

杨家牌楼是在2004年3月撤村建居的，到2016年1月，杨家牌楼启动了城中村整治。一轮整治下来，保留了社区原有的建筑主体，拆了杂乱的违法建

社区景观

筑，也拆掉了各户院子外墙。这样，社区里的家家户户都融入整个大环境之中。

整治过后，社区面貌焕然一新。最大的改变之一就是，大家原来独门独户的居住环境被打破了。

回忆起邻里关系变化，老牌楼居民最有感触。

杨师傅祖孙三代都生活在杨家牌楼，是土生土长的“牌楼人”，见证了这里发展的点点滴滴。曾经的杨家牌楼社区，只是留下的一座小村庄。男人种茶、炒茶，女人在家编织手工艺品，虽然收入不多，但邻里间却亲如一家。村里的居民大多姓杨和吴，小时候村里家家户户大门敞开，邻里之间都相互认识。说句不夸张的话，有时候去邻居家里借农

牌楼美丽景观

社区美丽景观

具，可以直接上门拿着用，还回去的时候打个招呼就行。

曾经挡住大家的围墙拆掉了，这样的改变，对于增进邻里感情无疑是最大的助力。杨师傅笑着说：“没有了围墙，以前长久没有走动的邻居们，现在又熟络起来了，邻里关系也更和谐了。”

据媒体报道，自2016年那次拆违整治后，杨家牌楼社区的邻里之情在逐渐发生“化学反应”。原来独门独户的那种隔阂感被消除了，社区里面彼此打招呼的声音多了。见微知著，这种变化是一个个细节组成的。相邻的两户人家，去阳台上晒衣服，看到了都会互相点头打声招呼。大家从家里出来，见着了也会彼此招呼。邻里之间的那种串门走动也多了。邻居之间分享彼此种植的各色瓜果，相约一起出去玩，是常有的事情。社区也十分注重丰富社区文化活动，让邻里关系更加紧密和谐。如通过邻居节等文化建设，多开展小区活动，加强了邻里沟通，让大家在活动中熟识，也成为重塑社区邻里关系的一个好方式。

可以说，如今杨家牌楼社区已经变成了一个大家庭。随便哪个人说

邻里活动，手工编制

起邻居，都是一箩筐的感人事。

都说远亲不如近邻，这才是邻里之间该有的模样，住在杨家牌楼社区的人如今都有这种感觉。

社区文化家园的建设，更是打通人们那堵“心墙”的一大法宝。杨家牌楼社区建立完善了各项村规民约，规范群众日常行为，开展身边好人和最美人物先进事迹评选活动，让“最美精神”在这里落地生根，不断提高群众的文明素养，并重点培育文体团队、文化能人和文化带头人、文化志愿者等三支队伍，让他们成为增强文化礼堂“造血”功能的重要力量。特别是文化家园的建设，不仅改善了社区治理，提升了居民文明素养，也已经成为民有所乐的文化集聚地和传承文脉记忆的乡愁基地，成为打造全面小康、全域美丽、全民幸福的首善之区的重要载体。

第六章　文化传承　放眼未来

居住在一个散发着文化氛围的和谐宜居社区，是杨家牌楼社区群众的切身需求。杨家牌楼这个历史悠久的社区在重焕光彩时，也着力打造区域特色，注重以人为中心的文化生活。

社区文化中心里展示的老物件，有闻名中外的手工龙井，有浓香四溢的梅花泉酒等各种风物特产和传世绝技，有浓缩了乡史村情、乡风民俗等历史的精美实用竹器等，这些非物质文化遗产资源，承载着老记忆、老故事，让到这里的我们，看到了杨家牌楼的优秀传统文化。它们留住了美丽乡愁，也成为社区文化地标。

传统民俗文化与现代文明，一直在这里融合创新。“我们的村晚”演出，每年比央视春晚更被牌楼人记挂，沾着泥土气息，冒着文化露珠，道出了生活的美好，展示了社区的新变化，说出了居民的幸福。

文化的传承，承载着牌楼人的精神气质和人生追求，是历史的见证，是生产生活技术和文化的结晶，是创造活动的实物遗存，更是珍贵的研究材料。

美好的事，需要美好的人。在助力推进乡村振兴战略、提升村民素质、打造精神家园、繁荣社区文化生活中，杨家牌楼社区发挥了重要的作用。

社区文化家园
2020
西湖区农村文化礼堂和社区文
“我们的村（春）晚”展演比
主办：区委宣传部（区创建办）、区文广旅体局、农村文化礼堂
（社区文化家园）建设领导小组成员单位、留下街道
承办：杨家牌楼社区文化家园
晚会时间：2019年12月31日晚18:30
晚会地点：社区文化家园三楼
方得始终
茶芳歌杨家
清流藏牌楼

“我们的村（春）晚”展演比赛

挖掘传统留住美丽乡愁

2018年春暖花开之际，杭州西溪路拓建改造工程完成。一条全新的西溪景观大道，路宽景美，建成通车。杨家牌楼作为西溪路上的一个标志性社区，北接杭州西溪湿地及城西，南为群山及西湖景区，它的旅游休闲交通要道的区域地位日渐彰显。这个历史悠久的社区在重焕光彩时，也着力打造区域特色，积极保护非遗文化。

2018年4月28日上午，杨家牌楼社区小广场上又一次热闹起来。社区与物业联合在这里组织活动，主题是“传承优秀文化，共建美丽家园”，给杨家牌楼社区文化家园建设收集素材。

当时的征集通知是这样写的：为了进一步提升文化家园的陈列布展水平，丰富文化家园文物资源，充分展示杨家牌楼“望得见山，看得见水，记得住乡愁”深厚的历史文化底蕴，现诚向社会各界广泛征集各类文物，包括老物件、老记忆、老故事。收集的内容包括——村史村情，介绍村庄历史传说、姓氏迁徙、红色传统；牌楼印记，记录不同历史时期的杨家牌楼社区文化变化和重大活动等；人物事迹，提供本社区各方面优秀代表人物事迹或照片；怀旧情怀，捐赠古旧家具、器皿、手工艺术品、竹器农具等；自创艺术，居民制作的书画、雕刻、文字、摄影等方面的作品等。

活动中，杨家牌楼社区班子成员带头捐赠，社区老党员、居民群众都纷纷拿出家里的老物件、荣誉奖章、老照片，还有五花八门的各种珍藏历史物件，如古旧的老酒壶、老底子的房产证等等。活动现场，社区

乡情

居民群众积极参与，你一言我一语，大家纷纷为自己社区的文化家园建设，献计献策。

文化家园建起来了，更要让其“活”起来。据了解，杨家牌楼社区所在的西湖区，于2019年1月出台了《关于加强农村文化礼堂、社区文化家园运行管理工作的实施办法》，填补了这一领域的制度空白，让农村文化礼堂、社区文化家园的长效管理真正实现了有章可循。这个文件明确了社区文化家园必须按“六个有”实施办法，建立健全长效运行管理。“六个有”即“要有组织、要有队伍、要有制度、要有内容、要有经费、要有考核”。在此基础上，各文化阵地广泛吸纳退休教师、文化能人、文艺达人、专家名人、各类乡贤等加入文化队伍，实现专职、兼职相结合。

基于这项制度化的明确要求基础上，杨家牌楼社区立足区域特色，深挖文化内涵，以建设精雕细琢、管理精益求精、活动精彩经常、培育精准发力的“四个精”方针打造精品文化家园。一方面积极保护非遗文化，为了打造区域特色，社区成立资料收集小组，广泛收集村史村情、乡风民俗等历史资料，征集反映当时生产生活方式的生产工具、老物件物品，合理布局展示，留住美丽乡愁。另一方面，注重挖掘优秀传统文化，充分利用辖区资源禀赋，龙井茶炒制等非物质文化遗产资源，做到传统民俗文化与现代文明的融合创新，力争做到“一村一品”“一社一韵”，成为社区文化地标。

功夫不负有心人。2019年度杭州市社区文化家园星级评定结果公布，杨家牌楼社区文化家园从全市参评的39个社区文化家园里脱颖而出，获评五星级社区文化家园。

致力非遗文化传承的“炒茶王”

碧波荡漾一抹香，茶不醉人人自醉。人间四月，春暖花开，杨家牌楼社区的居民忙碌起来。人们穿梭在郁郁葱葱的茶园间，为采茶忙碌着。

“杨家牌楼生产队，是著名的旗枪茶产区之一，近年来由于茶叶连年高额丰产，曾获得省市茶叶丰产单位的光荣称号。全队茶叶收入占总收入的51%。共有茶地448亩……”这是我国著名的《茶叶》杂志1959年第5期上的文字，它记载了当时杨家牌楼春茶高产的盛况。

根据《钱塘县志》卷八里的记载，当时茶有出老龙井者，宝云山产者，下天竺香林洞者，上天竺白云峰者；宝严院、垂云亭、翁家山亦产茶；又有法华山、石人坞茶。这石人坞茶，指的就是杨家牌楼所

炒茶王

产的好茶。

近年，杨家牌楼成为龙井茶的重要产区。当地茶农和龙井茶产区的茶农在采制的过程中，摸索出一套独特的龙井茶工艺流程。龙井茶以采摘细嫩而著称。龙井茶的新芽儿特别嫩，摘的时候不能用指甲掐，正确摘法是拔出嫩芽儿。

而龙井茶叶的炒制，学问更大了。这里不得不提到杨家牌楼名气响当当的非遗文化传承人——李泉春大师。

李泉春，2015年西湖龙井炒茶技艺茶王、“德艺双馨”西湖龙井炒茶大师、制作大师、绿茶炒制能手。在那年的中国（杭州）西湖国际茶文化博览会暨西湖龙井开茶节期间举办的炒茶王大赛上，杨家牌楼扬名立万，炒茶师李泉春荣获“西湖龙井炒茶大师”称号。要知道，获得这一称号，必须具备一大堆资历：获得由杭州市茶叶产业协会、杭州市茶叶学会评定的“高级炒茶技师”资格；近10年内在历届区、乡、镇（街）西湖龙井茶炒茶比赛获得过两次以上前三名，并且其中1次为冠军；已经培养过两个以上青工徒弟并已取得炒茶技工证书，并仍热心培养炒茶青工工作；目前身体条件能胜任手工炒茶并仍在从事手工炒茶工作。

在杨家牌楼人尽皆知的炒茶王李泉春，炒了50多年龙井茶。他说：“一斤茶叶，机器炒只要1个小时，手工炒要将近4个小时。机器炒得快，样子也好看，但是喝起来的口感，却根本比不上手工炒的茶叶。”

如何区别手工炒出的茶叶与机器炒制的茶叶之间的差异？李泉春总结出一个窍门：手工炒出的茶叶，叶片比较厚，每一片都是中间厚两边薄；机器炒成的叶片比较薄，而且整片叶片都是平整的。用行话说，后者不利于酚氨比的控制，就会导致口感的差异。

手工炒龙井茶，就是凭一双手，在一口光滑的铁锅中，不断变换手法炒制。炒制的手法门类众多，据了解，分作抖、搭、拓、甩、抓、捺、推、扣、磨、压等，称为“十大手法”。炒制时根据鲜叶大小、老嫩程度和锅中茶坯的成型程度，不断变化手法，非常巧妙。只有熟练掌握技艺的人，才能炒出色香味形俱佳的龙井茶。据传当年乾隆皇帝在杭州观看了龙井茶炒制后，为花费劳力之大和技艺功夫之深而赞不绝口。

除了手势，温度的掌控也很关键。李泉春说：“什么时候用高温，什么时候用低温，靠的是一种手感与天赋。”

在李泉春这里，每一片茶叶都经过精心的挑选，反复地翻炒制作，再通过人工挑选，选出最优秀的叶片装盒。茶叶，不仅是让人饮用的食品，而且成为供人欣赏的艺术品。

年过古稀的李泉春，在50余年的炒茶历程里收了若干个徒弟。他一直都在为非遗文化的传承做出贡献。炒茶作为一项非物质文化遗产，他希望有更多人来学习炒茶技术，将“西湖龙井制茶技艺”传扬出去，让更多的国人和海外人员知道并掌握这门炒茶技术。

飘香千年梅花泉酒

在杨家牌楼的茶园边，好客的村民做了一桌正宗西溪味道的菜肴，几个朋友聚聚、喝喝老酒，口里嚼着美味的家常菜，天南海北地聊天。

酒，是杨家牌楼乃至留下人的一段记忆。

杨家牌楼旧时出产的梅花泉酒，承载了上千年的酒文化。

相传，当年宋高宗赵构路过西溪，走进了一家叫“九间楼”的酒肆，喝到了这里用梅花泉酿制的“梅花泉酒”。或许这酒打动了他，赵构酒后兴起，便御书“不为酒税处”五字赐给酒肆。后来，人们刻石树碑，即为有名的“禁酒税界碑”，从此留下的“九间楼”酒肆可免酒税。

这个被提到做酒用的梅花泉，当时的位置就在现在的杨家牌楼社区里。由于泉水涌出来，会呈现五瓣梅花状，所以被称作了“梅花泉”。

好水出好酒，好酒出名声。到了明代，梅花泉酒和竹叶青、虎跑泉酒等齐名，都是杭州名酒。清代吴祖枚的《西溪联吟》还专门有首《梅花泉酒》诗：“平生癖性傲梅花，犹爱梅花酿酒嘉。甘洌独堪供隐逸，清真不许醉豪华。浅斟月下杯凝白，细嚼林间脸衬霞。始信惠泉名可胜，品醇弥觉雅情赊。”

梅花泉酒的酿制传统技艺，是当地先民基于丰富实践经验转化而成的一种酿酒技巧和技能。经过近千年演变和发展，不断改进和提高，出神入化般成了传世绝技，一直传承下来，直至新中国成立前，杨家牌楼周边区域有3家梅花泉酒酿制的传统技艺酿酒作坊。

经过专家考证，梅花泉酒的酿制，通常在农历七月制酒药，九月制麦曲，十月制酒酿。到了大雪节气前后，正式开始酿酒，到次年立春结束，发酵期长达80多天。梅花酒的生产原料为粳米、糯米、小麦、酒药、麦曲菌种等。这些原料经过筛、浸米、蒸饭、摊冷、落作（即加麦曲，淋饭、水等）、主发酵、开耙、灌坛后酵、榨酒、澄清、勾兑、煎

盛开的梅花

酒、灌坛陈酿3年以上，即为成品酒。

酿造酒的工具，大部分为木、竹及陶瓷制品，少量为锡制品。根据记载主要有瓦缸、酒坛草缸盖、米筛、蒸桶、底桶、竹簟、木耙、大划脚、小划脚、木钩、木铲挽斗、漏斗、木榨煎壶、汰壶等。

说到梅花泉酒的营养价值，可谓丰富，它含有多种氨基酸，其中包括人体必需的但不能自身合成的8种氨基酸。芬芳醇厚，色香味俱佳。酒呈琥珀色，透明澄澈。这种透明琥珀色，主要来自原料米和小麦本身的自然色素，以及加入的适量糖色。梅花泉酒有诱人的馥郁芳香，所独具的散香，不是指某一种特别重的香气，而是种复合香，来自米麦曲本身，以及发酵中多种微生物的代谢和贮存期中醇与酸的反应，它们结合起来就产生了浓香，且往往随时间的久远而更为浓烈。

可惜，由于前人缺乏保护意识，梅花泉后来被埋入了地下。庆幸的是，酿造梅花泉酒的制作工艺还是流传下来了。

梅花泉酒酿制传统技艺传承人岑琪琳，1958年就进西湖酒厂当学徒。他曾对梅花泉酒的香浓有过揭秘：“水乃酒之血。”梅花泉酒之所以能在酒林中占据一席之地，独特的酿造工艺固然重要，但优质的梅花泉水水质功不可没。梅花泉泉水是奠定梅花泉酒历史地位的重要原因。

“梅花泉酒”酿制传统技艺已被列入杭州市非物质文化遗产保护名录。据悉，有关方面正在整理梅花泉酒资料，联系协调生产企业，将正式恢复梅花泉酒品牌，尘封千年的“免税”美酒，有望重新与世人见面。

取之于竹的生活用具

自古以来，竹子都是生活用具制作的主要材料。竹子的开裂性强，质地富有弹性和韧性，能编易织，坚固耐用。千百年来，竹器不断被生产制造，一直是杨家牌楼人日常生活中不可缺少的民用器具。这里土地湿润且肥沃，雨量充沛，得天独厚的自然环境，更为丰富的竹资源创造了天然的优势，使这里形成了千年之久的竹器加工传统。

虽然目前在当地没有找到想象中成规模的竹器生产盛况，但从前，杨家牌楼村的竹产品很有名，相传，最著名的主要有“牌楼边”的竹器，汤家埭的九和牌。后者更是与南宋皇宫里的娱乐有着密切的关联，很可能现在的扑克纸牌，都与它有着渊源。

所谓“九和牌”，即天、地、人、和，三长四短共36张牌，九和牌的来历不小，据说是从南宋宫廷叶子戏发展而来。发明叶子戏的是唐代著名天文学家张遂，这种是供当时的皇帝与宫娥们玩耍的牌类游戏。最初的纸牌只有树叶那么大，所以被叫作“叶子戏”。 叶子戏简称叶子，或称叶子格（“格”指的是法式规则）、彩选图，据称是纸牌的前身，盛行于中晚唐及五代，宋以后渐渐流行纸牌。

后来这种牌戏传入民间，各种文人学士趋之若鹜，很快就流传开来。经专家考证，最早的叶子戏，其实不止36张，而有40张牌，以天文历法为基准，牌分“以、像、四、时”4类，这个分类就像现在扑克牌的4种花色。

大约在13世纪，叶子戏传入欧洲。经过数百年的演变，融合了中外各国的纸牌游戏，才逐渐形成了今天国际公认的纸牌模式——扑克牌。

因为是赌博用具，古代在一般地方是禁止制作的，杨家牌楼的汤家埭九和牌，曾经是当年官府特许的，所以得以流传下来。

除了是扑克牌前身的九和牌，牌楼边的劳动人民就地取材，各种竹器的品种丰富。生活类用品有扁担、洗帚、蒸架、筷子、衣架、晒衣夹、粪桶甩等等。作为实物用具，竹器可以为当年人们的生活带来很多便利。如洗帚是一种竹丝捆扎成的扫帚形洗刷工具。过去，家家户户都有这么几把，可以用来洗刷锅子、竹篮、淘米筲箕等，用剩的洗帚，还可刷镬灰。洗帚分为两种，一种较为简单，用长约20厘米、直径5厘米的竹筒，一头有节，一头无节，把无节的一头劈成条条竹丝，即成为洗帚。另一种的制作就较为复杂，先把竹子劈成薄薄的竹篾，再把竹篾劈成竹丝，一边要连刀，不要劈断，然后再把劈好丝的竹篾紧裹在一起，外层用篾青，里面用篾白，连刀的一头用扁的带子捆扎紧，在另一头用扁平的竹块嵌入竹丝中，就成了上圆下扫帚形的洗帚，上面圆的用以拿手，下面扫帚形的用以洗刷，这种洗帚洗刷面积大，很受家庭主妇的喜欢。

竹器中最常用具就是竹扁担。从前，在杨家牌楼这样的农村，哪一家都离不开扁担。青壮年用扁担挑谷子回家，送肥料上田头；妇女和孩子用扁担送茶送饭；老人用扁担挑菜上街去卖。清明上坟用扁担挑供品，女子出嫁用扁担送嫁妆。直到改革开放前，人们到粮站买米、到井口挑水、到商店买煤饼等都是用扁担，现在回忆起来，大家对扁担一点都不陌生，老一辈牌楼人，年轻时没有不会使用扁担的。人们考证过，按现代人体工程学的原理分析，扁担在同类负重方式中最科学最合理——与头顶比，重心低，稳定性强；与背篓比，与身体接触少，少受体积限制。

陈列的农具

扁担的广泛使用和杨家牌楼有丰富的竹资源密不可分，竹扁担一度成为杨家牌楼竹货产品的大宗产品。竹扁担的制作材料是毛竹，以多年生老竹为宜，取其近根部，一削为二，略作修饰，即可使用。扁担按用途分有大中小三类。大扁担能负荷100公斤以上，是扁担王国中的重器；中扁担用途最广，是扁担大军中的主力；小扁担为儿童、妇女、老人专用，是扁担家族中的后备军。

杨家牌楼出产的扁担，按形状分，有平头扁担、勾头扁担、翘头扁担、铁头扁担等等。如果你对杨家牌楼的竹器充满好奇，可以去社区文化中心的乡情陈列馆一睹为快！

全民参与“我们的村晚”

“城之西、水之涯，遇见江南，西溪且留下……”动听的歌声传来，这是杨家牌楼社区“我们的村晚”在社区文化家园进行展演。

舞台上场面热闹，舞台下居民们兴致勃勃地观看、点评：“每年这样的演出越来越多，我们居民自己能站在舞台上，演出我们老百姓自己的故事，这社区文化家园建得真是好。”

临到岁末时，杨家牌楼社区文化家园灯火通明、热闹非凡，2020年西湖区农村文化礼堂和社区文化家园“我们的村（春）晚”展演比赛，在此如火如荼地展开。舞蹈、歌舞、走秀……12个由当地草根“民”星编排的节目，吸引了近千名辖区居民前来捧场。沾着泥土气，冒着文化味，一个个“接地气”的节目演出了生活的美好，道出了西湖的新变化，说出了辖区居民的幸福。

短短一个半小时，精彩的演出不时引来台下观众阵阵热烈的掌声和喝彩声，现场一片浓浓的节日喜庆气氛。

乡村振兴要塑形，更要铸魂。社区文化家园是乡村振兴的重要载体，也是一项民生工程。

村晚

围绕打造公共文化服务体系“升级版”，按照“文化礼堂、精神家园”的定位，广泛开展农村文化礼堂建设，逐步使文化礼堂成为对群众具有较强感召力的共同精神家园，成为培育和弘扬社会主义核心价值观的新阵地。留下街道杨家牌楼社区文化家园就是在这样的背景下应运而生。

参加村晚的节目全部由村民采集家园文化元素，自编自导自演。众人积极筹备这场属于老百姓自己的“村晚”。村晚当天下午，离演出时间还有好几个小时，文化家园却早已人声鼎沸，来看表演的村民们早早来到现场等候，你一言我一语，期待着家人、亲人排练已久的精彩节目。欢声笑语中，邻里之间的感情再次升温。

一旁参与表演的村民，已经连续几天在现场排练，摩拳擦掌，就等当晚的精彩节目登台亮相。

晚上6点30分，晚会开始了，一首诗朗诵《赞颂献给党，共筑幸福梦》拉开帷幕，朗诵者是四位社区班子成员。平日忙着社区工作的他们，在台上成为声情并茂的“朗读者”，满怀深情地讲述了杨家牌楼城中村综合整治的成果。开场后，村民们的扇子舞《欢聚一堂》，古筝表演《渔舟唱晚》，舞蹈《美丽的心情》《九月杭州桂花香》，独唱《我爱你中国》等12个节目相继上演，舞蹈、乐器表演、演唱等各类表演形式精彩纷呈。

全民参与的社区村晚，自然也有下一代的热情参与。由留下小学学生带来的朗诵《城市里的后花园》，以四个篇章讲述了“牌楼城中村”变化的点点滴滴。这个节目由学生们自由创作，他们以“身边的人讲述身边的事，以身边的事教育身边的人”：第一篇，“文化特色”的挖掘与传承；第二篇，“乡镇建设”的规划与创新；第三篇，“生态环境”

的保护与优化；第四篇，“居民生活”的便捷与品质。在学生们的表演里，原有的自建农房，统一翻新外墙，变成了“花园小洋楼”。依山傍水的牌楼村落，成为城市美丽的“后花园”。

展演最后，评委们从形式、内容、主题、妆容、台风等多个方面仔细考量，给整台晚会活动进行打分。这场村晚中的优秀节目，会被选送参加西湖区的村晚演出。

杨家牌楼社区文化家园“我们的村晚”活动，既是“新时代美生活”精神面貌的盛会，又是一场展示外来流动人口和本地农民才艺融合共生的大赛。真正发挥了社区文化家园在助力推进乡村振兴战略、提升村民素质、打造精神家园、繁荣社区文化生活中的重要作用。

村晚节目

红色影视宣传员的坚守

夏天的一个傍晚，杨家牌楼中心广场上，一个男人头戴照明灯，向前微微欠身。他的身后，是数百双聚精会神的眼睛，齐刷刷盯着七八米开外的银幕——上面正播放着热门电影。

他叫杨志平，是杨家牌楼著名的电影放映员。他的个人经历，恰恰记录了杭州露天电影播放史。

各种媒体对他的报道年年不间断。杭州的《钱江晚报》，在不同年代关于他的报道达16次。“当了40多年放映员，放了6000多场电影，晚饭几乎都吃成了夜宵。”这是杨志平经常对前来采访他的媒体记者们的一句“名言”。

时光回到20世纪70年代末到80年代初。为了丰富近郊农村群众文化生活，杭州几乎每个乡镇都组织了电影放映队。在杨志平记忆里，那时在杭州范围内的乡村电影放映队，最多时有100多个。

即便如此，由于电影“档期”有限（一部热门电影，每个乡镇往往只有3天租期），往往满足不了需求。一个放映员，十来个村“抢”，也是常有的事。当年人们看一场电影的心情，无异于现在年轻人看一场大型演唱会那样激动。

1978年，杨志平成为一名乡村电影放映员，来到了当时的“留下放映队”。从那时起，他和同事一起骑着自行车，带着放映器材，走村串巷，奔走在留下的各个村头。在众多乡亲的期盼中，他找空地架设备，拉来电线，支好银幕，在一个个农事繁忙后的夜晚，把欢乐送到千家万户。

进入20世纪90年代后，随着电视的不断普及，乡村电影逐渐步入低谷。放映队的同事一个接一个离开，周边村庄的电影放映队也纷纷解散。有人劝杨志平改行，合伙做生意、跑运输，可他一一婉拒。1998年，杨志平索性建了一个家庭电影院。他对自家的两层楼房进行了改造，将一楼的几间房打通，放了座位和放映设备，一个约150平方米的“家庭电影院”，就此开张了。平时晚上放映，休息日全天不休，主题依然是“红色电影”。买一张一元钱的票，能在这里看两部电影。

杨志平的“家庭电影院”一开就是10年。人多的时候，100多人的位子能满座。人少的时候，观众只有十来个人，甚至个位数的也有。最

电影放映员杨志平

少的一次，只来了6个人，连租片的成本都收不回。

杨志平始终没有放弃。

直到2007年，国家开始实施“21312”工程，重点支持乡村电影放映——从最开始一场补贴150元，到如今补贴逐步提高至一场240元。对于杨志平来说，这项政策如同雪中送炭——他又可以背起设备，再次出发去放映了。

对于杨志平来说，“吹弹打唱”依旧。“一方面，我真的爱干电影放映这一行；另一方面，红色电影的教育作用百姓需要，社会也需要。即使别人不干了，我还得干！”

杨志平选择影片时，挑的几乎都是红色题材电影。从最早的《地道战》《闪闪的红星》，到后来的《开国大典》《大决战》，杨志平总在

文化家园三楼大礼堂

第一时间带给乡亲们。

杨志平还透露，他有个保持至今的习惯，在每一场电影开播前，他都会向前来观影的人们进行半小时左右的“红色思想教育”。有时，会是《垃圾分类》《平安创建》和《五水共治》等公益宣传片；有时，他会用放映机播放自己亲手制作的幻灯片，都是宣传党和国家的方针、政策；有时，他会自编自演一段江南小调，用二胡、快板伴奏，引发全场掌声雷动。这个播放“思想教育广告”的习惯，杨志平坚持了四十多年。

“一个放映队，既是一座流动的电影院，也是一个流动的宣传站。”时代在变，杨志平的初心始终未变，年近古稀的他，和当年一样，带着几十公斤重的设备走村串巷，给基层老百姓带来文化大餐。转塘、闲林、下沙……随着杭州城市的扩张，杨志平的放映足迹越来越远。他发现，乡村电影的观众变了，从本村村民，逐渐变成了租住在村里的外来务工人员。出租房里往往没有电视机，对于这些“新杭州人”来说，一场免费的电影，意味着一次身心的放松。也正是这个原因，场场爆满的情景又回来了。

观众变了，杨志平“红色思想教育”的内容也变了。《进城务工指南》《建筑工地安全教育纪录片》《公安防诈骗专题》等新内容，不断充实到他的片库中，为“新杭州人”的新生活贡献力量。

现在，杨家牌楼社区文化中心专门设置了一间红色影厅。这个80余平方米的大厅，是杨志平风雨无阻的放映场地。

第七章　全民抗疫的最美身影

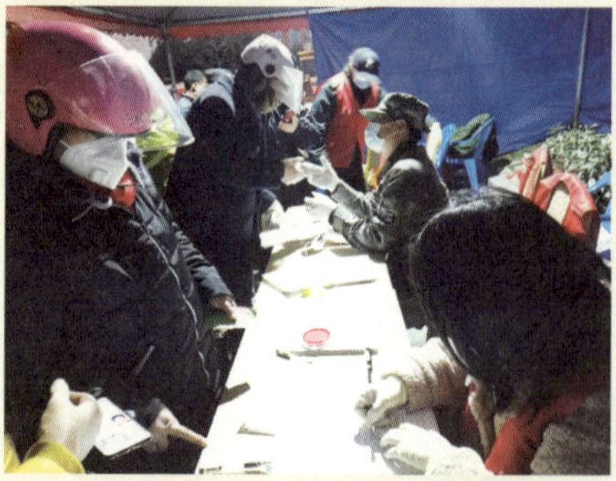

2020年初，一场突如其来的疫情席卷全国。疫情就是命令，防控就是责任，生命重于泰山。杨家牌楼社区由于有着沿西溪路、三面环山、小巷支路众多、新杭州人居住人员复杂的特点，防疫抗疫任务艰巨。杨家牌楼社区积极行动，在上级的统一布置和领导下，群防群控，筑牢防疫屏障，全力以赴打赢疫情防控阻击战。在这场没有硝烟的战役中，杨家牌楼社区表现出来的细腻与刚强、舍小家为大家的奉献精神，让人们看到了无数个“疫”无反顾，“疫”战到底的最美身影。

社区志愿者、社区居民群众、党员干部都为疫情防控贡献着自己的力量。

社区居民杨晓芳是市中医院医务人员，她爱人唐俊泓是万向学院支部书记。夫妻两人通过微信了解到社区招

全民抗疫的最美身影

募志愿者，积极响应。两夫妻在抗疫的战线上，除了上班时间和单位值班，连续在社区的疫情值岗点上为社区进出人员排查、测温、登记。杨晓芳说："牌楼流动人口多，每次回来看到你们真的很辛苦，我们有时间就想为社区也做点力所能及的事。"每天，两夫妻骑着电瓶车，早早来到值岗点。一来就是十几小时，在登记、测温的同时，对出入人员做好疫情防控注意事项宣传。还用专业知识告知工作人员，在询问登记的时候也要注意自身防护。杨家牌楼还有一对党员夫妻档，妻子王敏亚是天堂伞业集团党委副书记，听说值岗点缺测温计，她立马把年前购买的、为单位开工准备的测温计送到岗点应急，听说每到下班高峰时间段，岗点排查登记人手不够，连换班吃饭都没顾上，就和爱人一起加入志愿服务。除了夫妻，还有"父子兵"上阵。70多岁的汤子根是一名老党员，每次都主动请缨参加服务，积极为群防群治工作出谋划策，他还发动儿子汤来海等家人积极参与疫情防控工作。

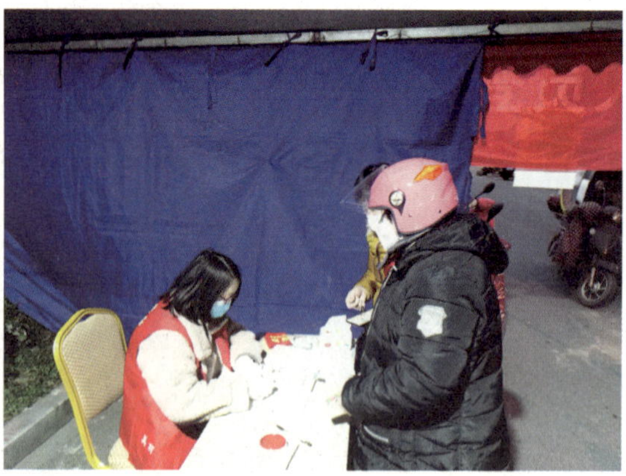

王敏亚

沈爱娟

从春节开始暴发的新冠疫情，持续至五月仍未散去。社区居民沈爱娟今年70岁，平常做事有十足"精气神"，做人乐善好施。一到晚上，在她们家的院子里，左邻右舍都会不约而同地来到她家帮忙，有的烧水、有的和面、有的剁馅……大家忙得不亦乐乎。每天晚上，杨家牌楼社区西路疫情防控值岗点成为“爱心大排档”，水饺、面疙瘩、肉包、茶叶蛋、青团、油墩墩、炒粉、皮蛋瘦肉粥……社区工作人员通过值岗人员微信发来的图片了解到，还有两位美丽的身影出现。这两位热心的妇女志愿者是社区居民沈冠玉、周黎香，她们在每天凌晨5点多，不是手擀面加荷包蛋，就是暖粥加肉包，或是姜汤加荷包蛋、水饺……为疫情值岗点送去早餐。每天各式花样面点，让值岗人员吃到嘴里、暖到心里。

疫情当前，更显担当。

在这场没有硝烟的战役中，社区党委书记朱荣华、主任吴世刚，作为这场战役的总指挥，认真贯彻落实各项防控措施，吹响防疫“集结号”，根据上级的防疫要求和社区的实际情况，及时作出工作部署方案，要求每个班子成员发挥党员领导干部带头先锋作用，各司其职，各尽所能，团结合作，共同作战，在联防联控、群防群控的关键阶段，层层发动，层层把控，实施最严格举措。作为社区主要领导，他们没有上班时间，没有下班时间，白天黑夜连轴转，会议决策、工作部署，把每个细节落到实处，掌握实际情况，合力做好防控防疫工作。发动广大党员干部，凝聚群众力量，宣传、走访、

朱荣华（右）

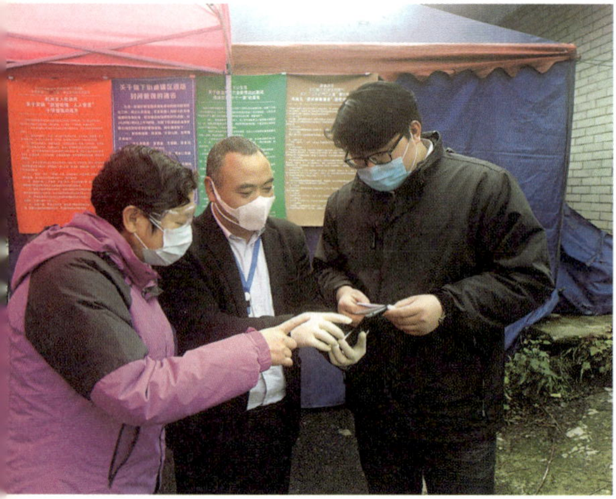

沈吉萍（中）

排查，构筑群防群治，抵御疫情，严守防线，决不允许有任何疏漏。以身作则，冲锋在前，展现责任担当，上下同心，群策群力，众志成城，打赢疫情阻击战的信心和决心不断增强。

社区党委副书记沈吉萍，在新冠肺炎疫情阻击战打响以来，坚决响应号召，参与谋划社区防控工作方案，落实疫情防控值班制度，组织各支部党员志愿者参与疫情防控巡查工作，在党员居民中调度人员配合社区开展疫情防控工作。在全面抓好疫情防控保护，保障茶农和采茶工健康安全前提下，调整多元工作方式方法，多措并举确保春茶如期顺利生产。“一年之计在于春”，疫情期间也正是春茶生产好时节。他在抓好疫情防控的同时，组织农户积极准备春茶采摘、生产，做到疫情防控和春茶采摘“两不误”。

社区有从疫情重点地区来的人员，需要进行居家医学观察。负责疫情观察的社区党委副书记郑锦民，每天与网格员王俊对医学观察居住点人员进行上门情况登记及注意事项告知。了解他们日常生活用品是否需要购买，身体状况有无不适。近距离的接触是最危险的前线，可他却没有想这么多，更多的是一份责任和担当。

作为社区“后勤总管”的吴镇伟，每天除了及时与街道防疫指挥部联系，筹措口罩、酒精、消毒液、棉衣、军用床等物资，还要严格管理，合理分配，每日盘点，确保社区物资管理安全、发放有序、储备充足。考虑到夜间气温较低，为卡点值岗人员及时送上取暖的炭火，坚持每天为后半夜值岗人员送上夜宵，一天不落，每天他都是最后一个回家的人。除了后勤保障，他还要做好社区其他内部事务。

为了保障居住在本社区内居民的日常生活所需，严格按照省、市、区关于个体工商户开复工疫情防控的相关规定，社区切实履行主体责任，落实好开复工的防疫防护措施，并做好安全生产等工作。社区网格员沈红萍作为社区企业生产安全负责人，帮助社区便利店、小超市、水果店、蔬菜门店、杂货店、五金店、小理发店、文印复印店等尽快开业，切实保障民生服务。做好个体工商户复工前的报备，事中审核报批，事后监管，督促做好疫情防控各项措施。要求个体工商户负责人履行事前承诺，落实好疫情防控责任和安全生产责任并签订责任书，统筹做好疫情和企业单位复工复产工作有序开展。

沈红萍（右二）

在疫情期间，随着返程高峰期的来临，为了减少外来人员流动对疫情防控带来的不利影响，社区通过房东群、微信群、朋友圈等全民发动，为“我们的家园保卫战”出谋划策。社区班子成员杨明祖，在没有任何材料、工人的情况下，发动居民群众志愿者有力出力、有物出物，有一技之长的居民赵忠平、李智成、杨长寿、吴继全、林国平，老党员汤子根、朱生火、郑祖民、朱一科、杨震、吴加法、戴瑞高、汤来海、沈月川、吴志康、戴一宝等三十位党员群众，发挥群防群控力量，加强管理措施，仅用三天时间，在西溪路沿线及山上游步道27个出入口，筑起一道道防控疫情的“铜墙铁壁”，守好社区每一扇门。

每到下班高峰段，在疫情防控值岗点，你会看到一个高大忙碌的背影，认真细致地为进入人员测温、查看健康码，还时不时地提醒人流有序进入。日常卡点值岗人员都是女社工居多，就他一位男同胞，既是主力军又是快递员，哪里需要保障物质运送、哪里需要张贴宣传资料、哪里需要人员力量，哪里就有他的及时出现。默默付出、任劳任怨、做事干练、雷厉风行，这就是优秀社区工作人员王伟文。

陈利斌（中）

每个家庭都有难事，特殊时期特殊对待。陈利斌是社区年龄最小的社工，作为两宝的爸爸，平常工作言语不多，但做事认真仔细。年三十那天，其他社工都已放假，他得知疫情防控需要值班人员力量的时候，尽管外公病危，毅然回到社区。当社区主任了解到他家里的情况后，特别关照他回去看外公，但他委婉地拒绝了，他眼睛湿润又坚定地说：“没事的，我出门的时候，和外公说要坚持住。现在是非常时期，在家等我下班回来看你。”年初七，因为加班太晚了，他就和另外一名社工王俊在社区“过道”间睡了。凌晨5：30他突然接到家里人打来的电话说“外公走了”。他赶回家，简单参与丧事处理后，早上8点又准时出现在岗位上，忙着统计报表数据。这一天，他带着无比伤痛与坚强坚守着。

郑红

“我就想为社区减轻哪怕一点点工作量。”社工郑红身患重疾，节前刚做完放射化疗，她在得知取消春节假期，同事们都在疫情一线忙碌的情况后，作为党员的她主动请战一线。她说：“平常大家都很照顾我、关心我，看你们这么忙，我在家也很着急，我做不了重活，但我可以在办公室打打电话，联系租户了解情况。”她心里觉得：“这比待在家里有精神，我也能为抗击疫情尽自己的一份绵薄之力。”

同时，在社工中有许多女社工，沈小丽、季傅霞、张洁、王春连、纪玉娥、赵玉慧、武杰、何培、汪源清、赵英辉……有的是两个孩子的妈，有的是一个人带着娃。她们的爱人许多是公安干警或是交警、军人，抑或同是基层工作人员。疫情之下，有的甚至于住在单位，没回过家，她们自己每天在社区也是早出晚归，家里就孤零零剩下孩子自己在家，没人照顾，饭菜都是早上上班前草草给孩子烧点放在保温杯，或留点面包、蛋糕充充饥。她们一直奋战在防控第一线，宣传发放有她们，入户排查有她们，卡点值岗测温登记有她们，24小时热线电话咨询有她们，后勤服务保障有她们，疫情期间窗口代办有她们……她们是巾帼“铁娘子”，用行动诠释了在疫情面前社区工作人员应有的情怀与担当。

在杨家牌楼社区疫情防控的战线上，仍不断有温暖人心的故事和人物涌现……他们的举动在疫情防控的战线上看似平凡，但正是这些不计得失、默默奉献的杨家牌楼人，用自己的一言一行，积极服务于疫情防控一线，凝聚成守护家园、战胜疫情的群防群治中坚力量。

让居民找到归属感
——访社区主任吴世刚

杨家牌楼社区主任吴世刚，是土生土长的牌楼人。采写本书时，他热情地带着笔者穿行在社区里，介绍着他生活的这片热土，对这里的角角落落如数家珍。其实他自己，就是杨家牌楼社区的知名人物，名字经常出现在新闻媒体的报道中。

如在省市多家媒体报道过的杨家牌楼曾经的整治中，规划的牌坊东侧新道路，要穿过他家房子。对吴家来说，意味着这幢比较新而且租金收入也不错的房子，要全部拆掉，重新迁建。当时吴世刚非常舍不得，但经过一番思想斗争后，他率先决定拆，还说服了母亲和妻子。正是他这样的党员带头，盘活了460户人家的拆改难题。

吴世刚

2018年7月，“七一”建党节来临之际，社区所属的街道举办了“我为七一献热血”专场献血活动。一早，吴世刚匆匆地带着杨家牌楼社区班子成员赶到现场。他二话不说，填表、体检、化验、献血。在他的带领下，社区班子成员全部参加献血，大家还自豪地拍了一张洋溢着满满幸福的“全家福”。 献血后稍作休息，吴主任又带领大家回到社区参加当天的环境卫生大整治活动去了。这段故事，被浙江省血液中心专门记载。

吴世刚回忆说：“我们社区的工作任务比较重。那段时间，社区干部每天都在一线搞社区整治，天气热了还开展登革热防控。累是累一点，体质却也得到提升。那次大家献血的各项指标全部达标，看来我们班子人员的身体都挺好的。”

2019年末，杭州市社区文化家园年度星级评定结果公布。从全市15个区县市（管委会）参评的39个社区文化家园里脱颖而出，杨家牌楼社区文化家园获评五星级社区文化家园。这个成绩来之不易。这是一个从无到有的文化家园——2017年5月，杨家牌楼拆除了历史存留的老旧集体厂房，开始在原址打造一座集思想道德建设、文体娱乐活动、知识技能普及为一体的公共文化综合体。2018年11月，文化家园正式投入使用。

吴世刚说：“打造文化家园，就是让我们杨家牌楼的居民‘身有所憩，心有所寄’。”两年的时间里，杨家牌楼以文化家园为阵地，激活了红色细胞，打造有人气的“草根乐园”。社区鼓励居民自发成立了“文化俱乐部”，从居民里挖掘文艺骨干，培育了一支文化活动志愿者队伍。因地制宜地建立了党员互助、助老助残、垃圾分类等职能队伍，让文化爱好者转变身份，成为社区管理的参与者，传承“邻里互助”文化，让“邻望邻好，守望相助”深入人心。

可以深深地感受到，杨家牌楼文化家园的核心吸引力，在于帮居民

献血

解决了精神文化层面的需求，营造出了社区的文化氛围，让居民找到了归属感、责任感。

“社区的主体是居民，只有让他们觉得自己是不可或缺的一分子，才会主动参与到社区治理中。”吴世刚说。

谈到杨家牌楼社区的长效管理工作，吴世刚挺自豪。经过持续的整治，杨家牌楼社区的面貌，发生了翻天覆地的变化。“这首先离不开区政府、街道从人力、物力、财力、党建等等各方面的大力投入，才会有今天脱胎换骨的杨家牌楼。社区会加大力度，做好工作，来巩固这来之不易的新局面。”

文明劝导

在2019年西湖区创建无违建区的工作中，吴世刚和社区全体工作人员团结一致，共同努力，圆满完成无违建区的创建工作。在登革热病防治期间，他们对社区内的水井水质进行检测，填埋超标水井23处，组织社区工作人员和留下医院防疫科人员共同参与清洁家园、消除蚊虫滋生地大行动共计100人次。在全国文明城市评比进程中，在迎国庆、保平安的活动中，积极组织好社区党员，按要求进行党员国庆节的义务巡逻工作，社区工作人员参与文明劝导行动，圆满完

文明劝导

成了上级交待的各项工作。

翻阅杨家牌楼社区工作年度总结，我们看到的一个个数字，可谓“点滴见功夫”。特别是在社区长效管理工作中，2019年社区共处理各级长效管理抄告问题900余处，美丽城中村创建抄告问题177处，市容科抄告问题10处，街道抄告问题392处，全年社区开展了多次房前屋后堆积物整治行动，清理大件垃圾堆场3次，清运垃圾300余车次。在社区的垃圾分类工作中，严格按照街道的整体要求，落实垃圾分类督导员，建设港湾式垃圾分类点9处。对辖区范围内的企事业单位和商铺上门宣传垃圾分类工作。

在没有围墙的杭州杨家牌楼社区，吴世刚他们还会积极发动社区居

垃圾分类活动

民，共同参与社区长效管理工作。“我们会制定并逐步完善社区物业管理和服务，加强管理和巡逻，发现情况及时处理。制定和完善相关的考核制度，以党建+网格化管理，积极发挥好全科网格员的作用。在社区进行美丽庭院的评比活动，积极发挥居民群众的榜样作用，让社区全体居民参与到社区的建设和管理中来。”

朴实厚道的吴世刚在接受采访时谦逊地表示，他会在实践中积累经验，改正不足。围绕“全力打造全面小康、全域美丽、全民幸福的首善之区”的奋斗目标，坚持“想明白、干到底”，在“美丽西湖行动”中，优服务、求创新、重实干、强队伍，为构建和谐社会做出应有的贡献，使社区基层工作再上新的台阶。

杨家牌楼变迁时间轴

新中国成立后

1955年杨家牌楼农业社茶叶获得大面积丰产的经验在全省推广。

杭县留下镇杨家牌楼农业生产合作社，1955年全社有茶园38亩4分，茶叶收入占全社总收入的52.48%。李善禄组织社员学习茶叶丰产经验，解放思想，大胆实践。社员对茶叶生产很重视，茶园的施肥、培育和管理都做得比较好，以此提高单位面积产量。杨家牌楼社获得大面积丰产的经验，在杭县和浙江省得到推广。

1956年2月29日，杨家牌楼农业社茶叶获得大面积丰产的经验在浙江省第四届农林渔牧劳动模范代表大会上交流推广。

1956年，与西穆坞合称杨家牌楼农业社。

1957年2月，杨家牌楼农业社副社长李善禄代表合作社出席首届全国农业劳动模范代表会议。

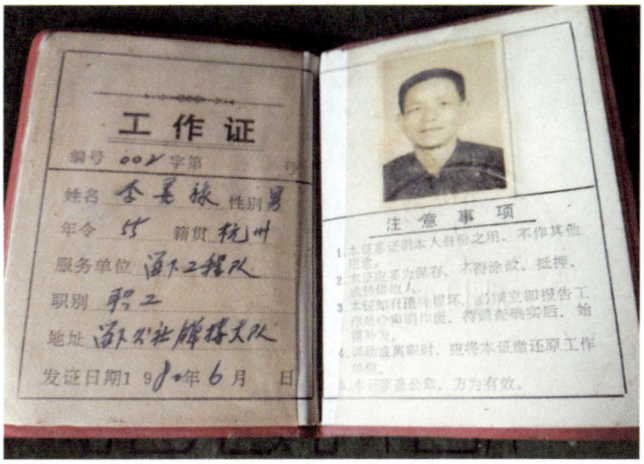

李善禄的工作证

1957年，筹建中国农业科学院茶叶研究所，在选择茶叶研究所的所址时，中国茶叶研究所筹备委员会蒋芸生主任，浙江省农业厅副厅长杨俊达，亲自带领筹备组及其他人员，到杨家牌楼勘察，经反复论证，最后将所址确定在七佛寺。

1961年—1978年，杨家牌楼茶叶生产陷入徘徊。

改革开放后

党的十一届三中全会以后，杨家牌楼茶叶生产快速发展，杨家牌楼大队办起茶叶试验场，大约有60多亩地，开始扦插繁育龙井43号良种，进行耕作技术和栽培管理方面的一系列改革和技术革新。

1980年，杨家牌楼大队茶叶产量超2000担。大队有炒锅100多台，杀青机4台。

1983年起，推行家庭联产承包责任制，调动茶农的生产积极性，到1984年有茶园599亩，茶叶总产量2000多担。

1984年，改杨家牌楼村。

2003年起，杨家牌楼土地被征用，茶叶种植面积逐年减少。目前有茶园549.75亩，每年茶叶总产量6.5吨左右。

2004年12月，成立杨家牌楼社区。

杨家牌楼社区新时期

2015年，杨家牌楼社区启动整村整治工作，5月先开启了“五水共治”工作，清除了沿溪违建。

2016年1月，杨家牌楼城中村整治正式开始，主要分为“拆、改、配、管”四个方面内容。拆除各类违法建筑15万平方米，违建拆除后，不仅公共区域扩大了，安全隐患消除了，整治后的房屋品质也明显得到提升，房屋租金跟着提高，居民们的收入普遍有所增加。

2016年3月，留下街道、社区领导班子上门与28户迁建户签订《集体土地房屋迁建补偿协议》。同一时刻，由留下街道建设科、杨家牌楼社区牵头，南方设计院“操刀”，为迁建户统一设计方案。其间，召开多轮协调会议与迁建户进行会商，直至实施建房方案确认。

2016年12月，签订施工合同，正式进入迁建房建设。施工期间，由迁建户集体推荐戴一华、李泉明、戴瑞昌、费善德、张多法5位居民为建房监督员。建设单位连续奋战，确保工程质量、进度、安全的有效落实。

2017年8月，社区召集迁建户进行统一抽签分房。各迁建户按顺序号进行抽签。

2018年8月，沿西溪路沿线迁建房配套设施建成，社区427幢房屋立面整治也已完成，三期公建配套设施“文化家园、停车场、体育健身广场”等主体建设已完成，硬件、软件建设正在紧锣密鼓地实施完善。当下社区西路和东路延伸段，呈现在我们面前的是最美的环村道路。

后 记

不知道是第几次站到了杭州西溪路留下街道杨家牌楼的牌坊下。从这个标志性建筑，沿着平坦的道路向上望去，从事了好多年房地产行业采访报道的我，时不时会有种错觉，就像到了某个商品房排屋别墅小区。

走进社区文化家园的乡情陈列馆，看着一幅幅旧时照片，杨家牌楼社区的朱荣华书记感叹："确实变得不是一点两点，是改头换面。"朱荣华从小在杨家牌楼长大，目睹了自己家乡的巨变。变，也是这个历史悠久的村社，给我最深的印象。

杨家牌楼人文遗迹众多，在本书的采写过程中，得到了杨家牌楼社区、留下街道、西湖区等各级政府部门的支持和帮助，他们提供了大量史料和珍贵的记录，包括很多专家学者和基层社会工作者们的缜密实地勘察和文献调研形成的历史文化调研报告。特别感谢杨家牌楼社区工作人员沈小丽、张洁及留下街道诸敏芳等同志的全力协助！这里难免有遗漏，一并致谢！

亲爱的读者朋友们，有机会一定要去西湖和西溪之间的这个文明社区走走、看看，感受下杨家牌楼社区的气质内核。一切充满期待的事物，都让人觉得温柔又可爱。就像歌中所唱，“我确定我们会在来年的春天再见，将生活中的一切细聊寒暄”。

张巧英

2020年5月